ANNIE BESANT

# La Vie Occulte

# de l'Homme

LES ÉDITIONS THÉOSOPHIQUES
81, Rue Dareau
PARIS (XIV⁰)

1914

# La Vie Occulte de l'Homme

# ANNIE BESANT

# La Vie Occulte de l'Homme

# de l'Homme

LES ÉDITIONS THÉOSOPHIQUES
81, Rue Dareau
PARIS (XIVᵉ)

# La Vie occulte de l'Homme

## dans le monde visible
## et dans les mondes invisibles

## I

### La vie de l'homme dans le monde physique ; la signification de la mort.

Il existe beaucoup de gens qui ne peuvent se sentir heureux et satisfaits en ce monde s'ils ne possèdent une connaissance bien définie et précise.. qui les rende capables de se comprendre eux-mêmes aussi bien que le monde qui les environne. Ils ne se résignent pas à vivre dans un monde

1

inintelligible, où les événements paraissent se succéder sans raison, sans explication. En considérant combien le bonheur est différent pour chaque être, ils se demandent : « Pourquoi les uns naissent-ils pour endurer de telles souffrances, alors que d'autres ont des vies heureuses et prospères? » Constamment, ces questions se posent; elles troublent l'esprit et le cœur de celui qui réfléchit. Je voudrais, aujourd'hui et les deux dimanches qui suivront, vous exposer une théorie de la vie et de l'homme qui vous rendra peut-être plus intelligible votre propre nature et le monde qui vous environne et, par cela même, vous pourrez vous rendre plus utile. C'est le but des trois conférences que je vais faire sur ce vaste sujet.

Je ne désire pas vous persuader que j'ai raison ; dans ce que vais avancer ce qui m'importe, c'est de vous inciter à penser. Je ne vous demande pas d'accepter une théorie toute faite, mais seulement de réfléchir sur les données que je vous soumets. De cette manière, vous vous formerez une opinion, vous ferez appel à votre propre intelligence, et vous arriverez à une conclusion qui vous satisfera parce que c'est vous-même qui l'aurez formulée et qui sera un guide dans votre vie, puisque vous y aurez été amenés par vos propres pensées.

Considérons tout d'abord la valeur d'une connaissance définie. Se servir de cette connaissance, c'est être capable de diriger votre vie au lieu de la laisser aller à la dérive — ainsi que beaucoup d'entre nous le font. C'est être capable de voir votre but, de choisir votre voie. C'est se rendre maître graduellement de l'esprit et du corps,

et devenir conscient, non seulement
dans le monde physique, mais aussi
dans les mondes qui sont en rapport
avec celui-ci, ceux dans lesquels vous
passez lorsque la mort vous prive
du corps physique. Vous vivez tous
dans trois mondes : dans l'un consciemment, dans les deux autres sub-
consciemment comme le dit la psychologie moderne ; vous en connaissez
un : le monde physique qui vous environne ; c'est dans celui-ci que vous
agissez, que vos émotions s'expriment,
que vos pensées sont toujours actives.
Je désire vous montrer qu'il existe
une sphère, ou monde, correspondant
à vos émotions ; c'est de ce monde
que vos émotions se manifestent dans
votre corps physique ; il existe une autre sphère ou monde de la pensée où
surgissent les impulsions qui se manifestent dans le cerveau physique. Ac-

tuellement, vous vivez d'une façon subconsciente dans le monde des émotions et dans celui de l'intellect. Par le développement que vous obtiendrez en suivant l'évolution ordinaire, le subconscient deviendra conscient. Ce que vous sentez maintenant obscurément deviendra clair, défini, précis. Ceci n'est pas une simple théorie ; quelques-uns parmi nous ont délibérément hâté leur évolution, et ce qui était subsconscient est devenu conscient.

Tel le sujet que je désire aborder avec vous ; aujourd'hui, nous parlerons du monde physique qui vous est le plus familier ; vous comprendrez comment les mondes émotionnel et mental se manifestent dans le monde physique au moyen du corps physique. Dimanche prochain, nous verrons comment, pendant le sommeil, le corps physique étant abandonné, vous vivez consciemment dans le monde des émotions, c'est-à-dire celui dans lequel vous passez immédiatement après la mort. A notre troisième réunion je vous démontrerai pourquoi le monde de la pensée est réellement le monde céleste dans lequel on entre après la mort en quittant le monde intermédiaire. Ceci est un simple aperçu du chemin le long duquel j'espère vous conduire en vous soumettant les faits et vous laissant, comme je l'ai dit, juges de leur valeur.

Quand cela sera fait, j'espère que je vous aurai montré que la science et la psychologie modernes commencent à reconnaître l'immixtion de ces deux autres mondes dans le monde physique et essayent de comprendre ce qui provient de cette région qu'elles appellent le subconscient. Elles conçoivent cette force, elles reconnaissent cette puissance énorme qui, de temps en temps, bouleversent de leurs vagues tout ce que nous considérons comme étant la raison, ou les émotions ordinaires. En étudiant la psychologie moderne, vous verrez s'éclaircir certains faits des plus obscurs que je désire développer devant vous. J'espère aussi arriver à vous persuader d'étudier ce sujet, un des plus captivants que l'intelligence humaine puisse se proposer; dans cette voie, on acquiert une force, une puissance, une endurance que rien d'autre ne peut autant développer.

Pour celui qui a appris à vivre consciemment et pleinement dans les trois mondes, qui peut juger des rapports entre le visible et l'invisible, celui qui sait choisir entre les choses qui ont

de l'importance et celles qui sont in-
différentes, futiles et sans valeur, arrive à discerner le réel de l'irréel. Et
il peut, quand les portes de la mort
s'ouvrent devant lui — ces portes qui,
pour la plupart d'entre nous, je le
crains, s'ouvrent sur l'inconnu et sont,
par conséquent, redoutées — il peut,
dis-je, les franchir en toute assurance,
d'un cœur intrépide, avec un courage
qui ne faiblit pas. Il laisse simplement
derrière lui la partie la plus grossière
de son être, le corps physique, et pé-
nètre avec ses mêmes sentiments, ses
mêmes pensées, — tel qu'il se connaît
en réalité — dans ces régions qui ne
lui sont pas inconnues, mais familières, qui pour lui sont non une terre
d'épouvante mais une terre pleine de
promesses.

Tel est donc l'aperçu sommaire que
je vais tenter de vous exposer.

Pour commencer, je dois vous suggérer une pensée qui pourra vous sembler pour l'instant plus difficile à accepter que tout ce qu'il me restera à vous dire. Réfléchissez un moment — que vous soyez chrétien ou Hindou, cela importe peu — à tout ce que votre religion vous a enseigné sur la nature de Dieu. Je vous demande de vous le rappeler parce que l'homme est fait à l'image de la Divinité ainsi qu'il est dit dans un verset splendide des Ecritures apocryphes des Hébreux : « Dieu fit l'homme à l'image de sa propre Eternité. » L'homme, dans sa conscience, reflète Dieu Lui-même. La théologie ne vous étant pas entièrement inconnue, il vous sera plus facile de suivre ma pensée si vous voulez réfléchir à ce que votre religion vous a enseigné sur la triple nature de l'Etre divin et de compren-

dre ce que cela peut signifier quand
elle se reflète dans l'homme comme
Esprit. Ceux qui ont un tour d'esprit philosophique penseront à Dieu
comme étant triple dans Sa conscience. Mes frères hindous connaissent bien le terme de Sat Chit Ananda,
décrivant le triple aspect de l'unique
Dieu, ou du suprême — existence, connaissance, béatitude. Quelques-uns
de ceux qui viennent des pays occi-
dentaux se rappelleront le splendide
passage du Dante qui parle de l'Unique dont « le pouvoir et l'activité ne
font qu'un ». Je vous rappellerai aussi
la doctrine de la Trinité dans le chris-
tianisme : celle de la Trimurti dans
l'hindouisme. Vous comprendrez ins-
tantanément en les considérant que
vous avez affaire aux trois aspects de
la divinité anthropomorphisés, c'est-
à-dire sous forme humaine.

C'est le grand aspect de l'Etre qui se manifeste comme activité créatrice, donnant la vie à tous les autres êtres, l'unique source de vie et d'existence, c'est Celui que les Hindous appellent la Troisième Personne de la Trinité, Brahma flottant sur les eaux de la matière. Pour les chrétiens, c'est le Saint-Esprit, l'Esprit de Dieu, dont on dit qu'Il se meut à la surface des eaux couvrant pour ainsi dire l'univers qui, par Lui, vient à l'existence.

Pensez maintenant à la Seconde Personne — pour les Hindous, ce sera Vishnou — la source de toute sagesse et d'Amour sans bornes par lesquels l'univers est maintenu. Pour les chrétiens, ce sera cette puissante Seconde Personne, fils du Père éternel, auquel ils donnent le nom de Christ, et auquel ils donnent toute leur foi.

Puis, le Suprême ; les chrétiens

l'appellent le Père ; c'est Lui qui représente Ananda, Mahadeva, dont l'at-
tribut est puissance ; car là seulement
où le pouvoir est parfait, la paix bénie
peut être assurée. La paix est troublée
quand il y a de la crainte ; mais pour
l'Omnipotent, aucune crainte n'est
possible et, par cela même, cette paix
éternelle ne peut jamais être troublée
par quelque chose d'extérieur ; car
rien n'existe qui ne soit en Lui-même.

Voilà ce qui nous a été enseigné
sur la nature de Dieu et c'est tout ce
que notre pauvre intelligence est capable de saisir : une unité triple :
Pouvoir, Sagesse-Amour et Activité
Créatrice.

L'esprit humain a été formé à cette
image et à cette ressemblance. Le
Pouvoir du Suprême se manifeste en
nous comme volonté : la Sagesse-
Amour du Suprême devient sagesse

et compassion en nous. Son Activité Créatrice se transforme en intelligence et par elle, vous donnez forme à la matière. Cette intelligence, lorsqu'elle apparaît sous la forme supérieure du génie, permet au peintre de fixer sur la toile les tableaux splendides qui vivent à travers les siècles; elle inspire au musicien l'harmonie parfaite; par elle, le ciseau et le maillet du sculpteur taillant dans le bloc de marbre l'image merveilleuse que sa pensée doit en faire jaillir la conception du génie qui se manifeste dans la forme. L'homme est si grand et ses possibilités sont si vastes! car l'Esprit de l'homme est un fragment du Divin. Ai-je besoin de vous rappeler ce qui est enseigné à l'Hindou : « Tu es Brahma », et au chrétien : « Ne savez-vous pas que votre corps est le temple de Dieu et que l'Esprit de Dieu habite en vous ? »

Les potentialités du germe du Divin
sont si grandes qu'en les développant
par un perfectionnement continu, tous
les hommes seront à la fin parfaits
« comme votre Père au Ciel est parfait ». Voilà donc l'Esprit sous ses
trois aspects : Volonté, Sagesse, Intelligence ; c'est un des points que je
vous demanderai de retenir ; nous
n'aurons pas le temps d'y revenir, le
sujet est trop étendu.

Beaucoup d'entre vous sont fami-
liarisés avec l'idée de la triple division
de l'homme en corps, âme et Esprit.
L'Esprit divin plane au-dessus de
l'homme et cette partie de sa conscience incarnée ainsi est quelquefois appelée âme — expression juste
si elle est bien comprise ; cette triple division indiquée par saint Paul
doit être retenue. L'Esprit est « non
né impérissable, perpétuel, sans com-

mencement et sans fin ». Il plane sur
le corps plutôt qu'il ne l'habite actuellement et cette portion de lui-
même qui est dans le corps, la conscience, la vie est appelée l'âme ;
j'emploierai donc cette expression.
Ainsi, nous avons l'Esprit, le Divin
en l'homme qui plane au-dessus de
lui, s'efforçant d'élever vers lui la
nature inférieure ; l'âme est l'Esprit incarné et est par ce fait même
souvent aveuglée, folle et impuissante ; le corps, l'enveloppe matérielle (peu importe son espèce) que
l'âme revêt comme un vêtement pour
prendre contact avec le monde dans
lequel elle doit évoluer. Car ainsi que
la graine semée dans le sol et qui ne
peut croître sans lui, la semence divine est plongée dans le sol de l'expérience humaine afin de développer
ses pouvoirs latents.

Ce triple Esprit, agissant comme âme dans le corps, accomplit son travail suivant trois lignes. Il agit comme intelligence. Vous connaissez bien le pouvoir de la pensée qui caractérise l'homme et qui utilise ce que le professeur Clifford a si judicieusement appelé « matière mentale ». Il agit ensuite dans la matière émotionnelle, et, troisièmement, dans la matière physique.

La matière émotionnelle est celle que vos émotions font vibrer. Aucune force n'existe qui puisse agir sans matière intermédiaire qui lui permette de s'exprimer. Toutes les sciences nous le démontrent. Pas de force sans matière, pas de matière sans force, dit une maxime bien connue. Donc, ces trois pouvoirs de l'homme ont besoin d'un intermédiaire matériel pour manifester leur activité. Pour l'intelligence, l'âme emploie une forme de matière que nous appelons mentale ; les sentiments, le plaisir et la douleur s'expriment au moyen d'une autre sorte de matière, la matière émotionnelle. Nous l'appelons émotionnelle — quelquefois astrale — parce que les émotions l'emploient comme moyen d'expression. Enfin, la matière physique est nécessaire aussi pour agir dans le monde physique dans lequel l'homme vit ; car vous ne pouvez normalement par la pensée produire une action, un déplacement de matière dans le monde physique. Je ne dis pas que cela soit impossible mais l'homme ordinaire ne peut pas le faire. Pour agir sur la matière physique par sa volonté, un corps physique lui est indispensable. Ainsi, le corps physique est l'instrument de la volonté pour produire l'action. Comme le corps

émotionnel est l'instrument des émotions et le corps mental celui de l'intelligence. Maintenant l'ensemble de
votre corps — composé de matière
mentale, émotionnelle et physique —
est seulement un instrument, une partie d'un appareil si vous aimez mieux ;
ce n'est pas l'homme lui-même, car
celui-ci est le triple Esprit, l'image
du Divin dont je vous ai parlé.

Si vous vous occupez du corps physique, pensez-y pendant un instant,
comme étant composé de deux parties
semblables à celles que vous pourrez
voir dans une imprimerie. Vous y
trouverez une presse d'imprimerie,
mais immobile. « Comment est-elle
mise en mouvement ? » demandez-vous.
« J'ai un moteur, j'ai une dynamo,
j'actionne la machine et elle travaille. »
De même, votre corps physique possède ces deux choses en lui-même.

Ce qui est pour lui le moteur, c'est
la Vitalité, agissant dans l'éther et
la simple machine, qui est l'appareil, le corps dense, que vous pouvez
voir, toucher, connaître par les sens.
Grâce à cette comparaison empruntée
à la mécanique, cette division du corps
doit être claire. Vous êtes composés
d'une machine ou appareil excessive-
ment bien fait, parfaitement adapté
et d'un moteur qui l'actionne. La vitalité est le moteur dont le corps dense
est la machine.

Cette machine obéit à l'âme triple
de l'homme dans les parties diverses qui vous sont familières à tous.
Vous avez un cerveau et un système
nerveux. — C'est la partie de l'instrument qui appartient à la pensée. Votre pensée agit sur ce cerveau et ce
système nerveux — le système cérébro-spinal, c'est l'instrument dont vous

vous servez pour penser. Il y a alors la partie appelée ganglionnaire, en rapport avec un autre système nerveux, le système sympathique : c'est l'instrument de vos émotions. Puis, viennent les muscles ; instruments nécessaires pour l'action ; la volonté les fait agir au moyen des nerfs.

C'est là, en réalité, tout ce qu'il vous est utile de savoir concernant le corps physique pour la compréhension parfaite du sujet que je vais vous présenter.

La différence fondamentale de ce que nous appelons les sexes tient à la prédominance du système cérébro-spinal ou du système sympathique. Chez l'homme normal moyen, le cerveau et le système cérébre-spinal dominent l'organisme. C'est ce qu'il y a de plus fort en lui, sa caractéristique comme homme. Chez la femme, les ganglions et le système nerveux sympathique dominent. C'est la différence fondamentale qu'aucune loi ne peut affecter ou changer et le travail de chaque sexe dans la société doit être basé sur cette différence naturelle et inaltérable : différence entre les fonctions du père et de la mère résultant de la façon dont les corps sont conformés. Chez l'un, le cerveau domine ; chez l'autre, ce sont les émotions et tout ce qui les entretient. La connaissance de ces faits est utile et sera souvent d'un grand secours pour bien juger des questions actuelles et employer entièrement les activités des deux sexes ; un pays ne serait plus privé du service de l'un ou de l'autre d'entre eux, et chacun travaillerait dans son propre domaine.

En examinant ainsi l'être humain nous avons vu qu'il comportait trois divisions bien marquées.

J'ai employé le mot subconscient.
Vous êtes conscient du travail de votre intelligence et de celui du système
nerveux ; cela fait partie de votre intelligence à l'état de veille. Vous n'ê-
tes pas conscient (excepté dans le sens
de subconscience) du travail de l'intelligence dans la matière mentale où
elle est constamment à l'œuvre ; de
temps à autre, seulement, on devient
conscient de ce travail par exemple
dans le cas du génie ; je reviendrai
tout à l'heure sur ce sujet. Il en est
de même des émotions. Vous savez
que vos émotions affectent votre corps
quelquefois d'une manière saisissante.
Vous éprouvez un grand chagrin — le
cœur s'arrête. Le cœur est un muscle, ce n'est pas une glande, et il s'arrête par l'effet d'un nerf du système
sympathique qui va au cœur et stimule ou ralentit son mouvement. Il y

a deux nerfs, l'un qui le met en mouvement, l'autre qui règle son activité. Supposez que le cœur s'arrête — qu'arrive-t-il? L'un de ces nerfs a été stimulé par l'émotion causée par la douleur, si bien qu'il contracte le muscle du cœur et pour un instant les battements de celui-ci se trouvent arrêtés.

La peur, quelquefois, cause l'arrêt du cœur ou donne des palpitations. Cela dépend entièrement du nerf du système sympathique qui se trouve affecté. Si c'est celui qui règle les battements du cœur, le sang qui afflue soudainement précipite ces battements tandis que l'autre nerf est paralysé dans son action. Mais les émotions agissent toujours par le système sympathique, et les nerfs sympathiques, sur le cœur, l'appareil digestif, les ganglions et les muscles que ce soit sur le cœur ou sur tout le sys-

tème digestif, et par les nerfs sympathiques sur les ganglions ou les
muscles du corps. Que sont les lar-
mes, sinon la simple action d'une
glande de l'œil stimulée par un nerf
affecté par une émotion. Ces remar-
ques sont utiles afin de se rendre
compte que l'intelligence agit constamment sur le corps d'une manière
définie ; qu'il en est de même pour les
émotions et que les muscles, dirigés
par la volonté sont cette partie du
corps que l'on utilise pour mouvoir
les objets. La volonté doit faire appel
au muscle pour que l'action ait lieu.

Cette action subconsciente, mentale
et émotionnelle peut être ramenée
dans la vie consciente ; c'est un point
que je me réserve de traiter lorsque
je vous parlerai de la vie de l'homme
dans le second monde, le monde
astral. Pour l'instant, il suffit de

constater que nous possédons un instrument à l'usage de la volonté, de
l'intelligence et des émotions et que
les parties du corps répondant à chacun de ces impacts nous sont bien
connues.

Parlons maintenant pendant un
moment du Génie. Le génie est l'action normale de l'intelligence dans
son propre monde, agissant soudainement sur le cerveau qui est dans un
état appelé « équilibre instable. » Vous
savez exactement ce que cela signifie.
Vous pouvez concevoir un corps quelconque fixé si solidement qu'il ne re-
mue pas ; si on le pousse et s'il cède
un peu, il recouvre immédiatement
sa position initiale. Ou bien, vous
pouvez observer un corps qui, sous
l'action d'une poussée, commence à
se balancer, conserve ce mouvement
de va-et-vient, peut-être entièrement

retourné, ou peut revenir graduellement à l'état de repos.

C'est la condition du cerveau en
équilibre instable qui donne à l'esprit
l'occasion de se manifester comme
Génie. C'est l'état auquel Shakespeare
faisait allusion en disant : « Les grands
esprits touchent à la folie. » C'est
pourquoi Lombroso, le grand savant
italien, disait que tous les génies litté-
raires, artistiques ou religieux étaient
réellement fous. Il y a quelque chose
de vrai en cela, mais c'est une demi-
vérité plutôt qu'une vérité entière. La
demi-vérité, c'est que le cerveau du
génie est toujours instable parce qu'il
est sur la voie de la plus haute évolution. L'homme que nous appelons
un génie atteint aux plus hauts degrés
du progrès humain. Son cerveau se
développe et évolue rapidement ; les
cellules se multiplient, les cellules cé-

rébrales envoyent de nouvelles racines
de nouveaux pédoncules dans toutes
les directions. Où il y a vie et activité, il y a toujours instabilité. Aux
pensées de chaque jour, un cerveau
très peu instable suffit. Les lieux
communs de la vie quotidienne ne
demandent pas de hautes capacités
mentales ; mais si vous commencez
à réfléchir sur un sujet difficile et
obscur, si vous commencez à forcer
votre cerveau à saisir une chose qui
soit au-dessus de votre pouvoir mental ordinaire, alors il se produit une
tension prouvant que vous imposez à
ce cerveau un travail inaccoutumé.
Dans ce cas des précautions deviennent nécessaires, afin qu'un avance-
ment trop rapide ne détruise à jamais
l'équilibre.

Et voici le fait qui prouverait l'évi-
dence de la demi-vérité de Lombroso.

Il y a deux sortes d'instabilité : l'instabilité causée par la croissance et celle due à la maladie, à la dégénérescence : l'une est le génie, l'autre, la folie. L'une contient une promesse pour l'avenir ; l'autre c'est l'atrophie et le retour à la matière inorganisée. Le cerveau du fou est instable, il est vrai, mais cet état est causé par une lésion, par une blessure, par un affaiblissement. Le cerveau du génie est instable parce qu'il évolue si rapidement que chaque jour voit éclore quelque nouveau pouvoir ; l'âme lui insuffle une force nouvelle. Il en est ainsi pour les instructeurs des grandes religions, les hommes de génie religieux. Leurs cerveaux sont délicats, fragiles, instables dans le sens de progrès, non dans celui de maladie. Ils sont soulevés par les vagues des mondes supérieurs ; sur eux se répand le flot

du savoir hyperphysique. L'inspiration s'empare d'eux et les élève au-
dessus de l'état normal ; elle rend leur
parole éloquente et ennoblit leurs
pensées. Toutes les religions reconnaissent l'existence de tels hommes.
Ils sont les révélateurs de ce qu'on
ne voit pas, les inspirés de chaque
religion. Lombroso dit que ces hom-
mes-là aussi sont fous. Si le génie et
l'inspiration religieuse ne sont que
folie, puisse Dieu envoyer de tels fous
parmi notre humanité ! Nous donne-
rions bien un million de cerveaux ordinaires en échange d'un seul à travers
lequel le Seigneur puisse se révéler
à nous qui sommes aveugles !

Comment est-il possible d'éviter
cette difficulté, que la perspicacité du
savant a démontrée? L'Inde nous a
donné une méthode qui permet à
l'homme d'atteindre à la sensibilité et

à la réceptivité du cerveau sans cou-
rir le danger d'une nervosité excessive,
premier indice de la maladie mentale.
C'est ce qui est connu sous le nom
de Yoga. Pour l'instant, je considé-
rerai moins cette méthode sous son
aspect mental, que sous le rapport de
l'entraînement physique.

D'après la théorie de la Yoga
l'homme est un Esprit dans un corps.
Normalement, cet Esprit n'affecte pas
beaucoup le corps, mais si vous ren-
dez votre corps réceptif, l'Esprit
pourra alors s'en servir comme d'un
instrument de musique et des mélodies s'élèveront, mélodies plus divines
que terrestres. Les sages définissent
le système appelé Yoga — union, union
avec le Divin. « Vous devez entraîner
votre corps », disent-ils. — Le corps
humain normal n'est pas prêt à recevoir les vagues et les flots de la vie

supérieure qui le mettraient en pièces.
Avant de provoquer cette grande effu-
sion, préparez votre corps à la recevoir. A cet effet, une méthode est pro-
posée, ayant trait à la nourriture, au
sommeil, à la purification physique ;
cette méthode, sans sacrifier la santé
physique, rend le corps beaucoup plus
sensitif et plus réceptif que celui de
l'homme ordinaire. Puis la méditation est prescrite. Par la concentration de la pensée, l'esprit se fixe sur
un seul objet et le cerveau est ainsi
amené à se plier à cette discipline.
On retrouve cette pratique chez les
catholiques romains ; plus répandue
naturellement parmi ceux qui se sont
retirés du monde, elle est aussi en
usage chez les laïques ; ceux-ci doivent entraîner leur intelligence à
l'obéissance et leurs cerveaux à la
réceptivité. Les règles sont dures et

c'est pourquoi il en est beaucoup qui
ne se soucient pas de les suivre. Pour
les suivre on ne doit pas manger de
viande, ce qui rend le corps plus grossier ; celui-ci doit être fin, délicat, sensitif ; on ne doit pas absorber d'alcool
— sous aucune forme — car c'est un
poison pour certaines parties du cerveau, parties dont vous usez pendant
la méditation. Il est donc absolumeut
interdit d'en absorber. Toutes les fonctions de la vie doivent être réglées. Il
ne faut dormir ni trop ni trop peu.
L'excès de sommeil rend apathique, le
manque de sommeil cause de la surexcitation nerveuse. La Yoga est un système équilibré dans la perfection. Il est
absolument scientifique et doit réussir puisqu'il est basé sur les lois de la
nature. Mais il réclame des années
d'application zélée avant que le travail soit accompli ; quand enfin l'on y

est parvenu, lorsque le corps est purifié et que le cerveau est devenu sensitif, vous pouvez en toute sûreté
ouvrir les portes à l'Esprit et l'ac-
cueillir dans le temple que vous avez
purifié pour son service. La vie devient
alors consciente dans tous les mondes
et les sens les plus élevés se développent aussi facilement que les sens
ordinaires. Le corps physique est
notre instrument le plus parfait, étant
le premier et le plus évolué ; les autres
sont en cours d'évolution, évolution
qui peut être hâtée par la Yoga.

Notre corps physique est un instrument qui peut être développé afin de
répondre aux aspirations les plus élevées. Les conditions, seules, sont ri-
gides et, ainsi que toutes les lois de la
nature, sont inviolables. Si vous remplissez les conditions, la nature répon-
dra selon ses lois. Si vous ne le

remplissez pas, jamais ces forces ne
deviendront vôtres, car la loi est immuable, elle est l'expression de la
nature divine. Arrêtons-nous un instant sur cette idée.

Qu'est-ce que la mort ? Si je reviens
à la comparaison employée au début,
c'est le moteur qui abandonne la machine, rien de plus ; le moteur, les
parties les plus délicates de notre
corps, formé des éthers physiques,
dans lesquels toutes les forces de la
vitalité sont en jeu, pour lesquels la
partie dense est mise en mouvement,
sent, pense, et vit, ce moteur, dis-je,
laisse derrière lui le corps grossier ;
la mort n'est rien de plus que cela.
Elle n'atteint pas votre nature réelle,
elle nous sépare seulement du corps
physique dans lequel vous avez vécu,
que vous avez quitté chaque nuit pendant votre sommeil, si bien que cette

séparation n'est pour vous ni nouvelle,
ni étrange. C'est un habit que vous
portez ; à la mort, vous enlevez cet
habit. C'est un pardessus que vous
rejetez quand vous rentrez chez vous ;
ce n'est rien d'autre que l'abandon
d'un vêtement qui n'est plus nécessaire, ne pouvant plus servir aux des-
seins de l'Esprit qui est l'homme véritable ; et pourtant... on craint la
mort...

Mais ce vêtement extérieur, ce
corps, a un grand avantage si vous
voulez seulement apprendre à vous en
servir. Il est automatique, vous pouvez lui faire faire exactement ce que
vous voulez : avec un peu de pratique,
vous utilisez l'automatisme du corps
pour arriver au but que vous vous
proposez. Vous trouvez par exemple,
que votre corps résiste si vous lui
demandez d'agir d'une certaine ma-

nière ; vous pratiquez alors réguliè-
rement cet acte ; la pratique devient
une habitude et quand celle-ci est parfaite, le corps accomplit l'action automatiquement. Ceux d'entre vous
qui jouent du piano, ou de la vina [1]
savent que pendant les exercices du
début on doit faire attention à ce que
l'on fait, penser à chaque mouvement ;
la pensée doit faire pincer la corde
du violon ou amener le doigt sur la
touche du piano. Mais, plus tard.
quand on est plus avancé, les doigts
n'ont plus besoin d'être sous le contrôle
de l'esprit, ils agissent « d'eux-mêmes ». Vous n'avez plus besoin du
tout de penser à vos doigts exercés ;
l'automatisme du corps vous permet
de leur laisser faire le travail que nous
leur avons enseigné.

1. Instrument à cordes très en faveur aux Indes.

Il n'existe pas une seule mauvaise
habitude qu'on ne puisse déraciner
par l'exercice continu de la volonté.
Si une mauvaise pensée vous vient à
l'esprit avec persistance et que vous
n'en vouliez pas, chassez-la et rempla-
cez-la chaque fois par une bonne pensée. Peu à peu, l'automatisme du cerveau vous aidera et agira à votre
place. Vous êtes irritable, vous parlez vivement, les paroles s'échappent
de vos lèvres : imposez silence à votre
langue. Ne parlez jamais avant d'avoir
réfléchi. Pendant quelques semaines,
cela vous semblera fastidieux, ensuite
l'habitude deviendra automatique et
ne permettra plus à la langue de pro-
noncer une seule parole que l'esprit
n'approuve pas. Oh ! si vous saviez
combien c'est facile. Le premier pas
est difficile, comme le sont tous les
premiers pas, mais la nature a édifié

nos corps afin qu'ils obéissent à notre
volonté, si seulement nous voulons
leur imposer l'habitude qui les rendra
obéissants.

J'ai parlé de l'esprit, de l'âme et du
corps. Laissez-moi, si je le puis, vous
mettre sous les yeux une image de
vous-même : l'esprit qui est au-dessus
de vous ; au centre l'âme, conscience
en éveil ; au-dessous le corps. L'âme
qui est au centre peut aspirer à s'élever vers l'esprit ou peut être attirée
vers le corps. C'est dans l'âme que se
livre la bataille de l'homme ; toujours,
il cherche à s'élever vers l'esprit dont
il est l'enfant ; d'autre part, il est en-
traîné par les désirs ardents et les ap-
pétits du corps qu'il est appelé à mai-
triser dans ce monde. Il aspire au ciel,
la terre le retient ; voilà la lutte que
chaque être humain connaît. Il dépend
de vous de suivre cette aspiration, de

résister aux désirs grossiers, vous éle-
vant vers le Dieu qui est en vous-même,
maîtrisant le corps, votre véritable
serviteur, bien que vous lui permet-
tiez de devenir votre maître. Si vous
possédiez un cheval splendide, courageux et obstiné, qui se refuse tout d'a-
bord à obéir, vous ne voudriez pas le
maltraiter, le dompter rudement mais
avec douceur et soin, vous le dresse-
riez jusqu'à ce qu'il se plie à votre volonté. Votre corps est un tel animal.
Ne le maltraitez pas, ne le traitez pas
brutalement. Dressez-le, soumettez-le,
qu'il obéisse à vos ordres, qu'il obéisse
à la volonté de l'Esprit. Les années
passeront et l'Esprit deviendra le
maître du corps, celui-ci sera libéré
par le pouvoir spirituel et deviendra
le noble instrument de l'Esprit qui
est son Seigneur.

Ainsi, lorsque le combat se livre

en vous, qu'il y a lutte entre la nature
supérieure et la nature inférieure, souvenez-vous que de votre choix dépend
votre avenir. Chaque fois que vous cédez aux basses séductions, celles-ci deviennent plus fortes. Dans les années
à venir, chaque concession faite à la nature inférieure sera un chaînon ajouté,
un poids qui s'opposera à votre envolée.
Écoutez la voix de l'Esprit qui vous
appelle : « Vous êtes mien, vous n'ap-
partenez pas au corps ; je vous ai en-
voyé pour vous affranchir non pour
que vous deveniez esclaves. » Si vous
faites ce choix, chaque mois qui s'é-
coulera chaque année que vous laisserez derrière vous verront votre
existence devenir plus facile, plus
joyeuse, plus forte. Vous êtes Divins.
Vous êtes des Dieux en devenir et non
des démons qu'il faut vaincre. Si vous
cédez à la nature supérieure, le Divin,

en se manifestant, s'affirmera de plus
en plus en vous, et vous connaîtrez la
paix, vous connaîtrez la joie qui appartiennent à l'homme conscient de
lui-même, qui a fait de son corps,
son serviteur, son instrument.

# II

## La vie de l'Homme dans le Monde astral et après la mort

Nous allons aborder la seconde partie de notre sujet. Ceux d'entre vous auxquels les écrits du moyen âge sont familiers, connaissent un mot, souvent employé de nos jours, le mot « aura ». Les alchimistes vous l'ont fait connaître et vous le rencontrez dans les traités de médecine. Paracelse, par exemple, emploie ce mot en expliquant la constitution, la nature de l'homme. Il fut adopté par la Théosophie moderne parce qu'il ex-

prime mieux qu'aucun autre mot cette
partie invisible du corps humain qui
est liée à ses émotions. Au moyen
âge, il était employé pour dissimu-
ler certaines idées que les auteurs
n'osaient pas exposer ouvertement.
Lorsque vous lisez les livres de cette
époque, si vous êtes disposé à mur-
murer contre leur obscurité, souvenez-
vous qu'ils étaient élaborés sous la
menace de la prison et du bûcher.
Leurs auteurs étaient obligés de voi-
ler sous un langage symbolique des
vérités dont il était dangereux de parler ouvertement.

Il y a seulement un an ou dix-huit
mois que ce mot « aura » fut prononcé
à une réunion scientifique par un médecin de Londres le D$^r$ Kilner. Pour
la première fois, autant que je sache,
un savant, traitant la question de la
constitution humaine, fut capable de

montrer à l'œil physique de l'homme
une partie de cette matière, normalement invisible, qui constitue l'aura.
On dispose des écrans, de façon à in-
tercepter la lumière ou à la laisser
pénétrer selon les besoins ; on se sert
de deux plaques de verre juxtaposées
entre lesquelles se trouve un liquide
qui forme un écran transparent. En
regardant un être humain ordinaire à
travers cet écran et selon des conditions spéciales de lumière ou d'obscurité, le Dr Kilner réussit à faire voir à
l'œil physique inexpérimenté et non
exercé la partie la plus grossière ce
que l'on appelle « aura » du corps
humain.

Normalement, cette atmosphère co-
lorée qui entoure le corps dense de
l'homme est invisible. Chacun de vous
est entouré d'une sphère de matière
plus subtile, semblable à un nuage et

qui varie de couleur selon vos émotions et vos pensées. L'observateur
voit ce changement, mais seulement
l'observateur qui a développé une vue
plus perçante que la vue ordinaire ; il
est alors capable, sans avoir recours
au procédé mécanique du Dr Kilner,
de voir ce nuage qui entoure l'être humain, l'animal, la plante et la pierre.
Ce nuage, en partie, est composé de
matière astrale ; on la nomme aussi
matière émotionnelle, car elle est mise
en vibrations par les changements de
conscience que nous appelons émotions. Chaque fois qu'une émotion
traverse votre conscience, la matière
astrale qui est en vous et autour de
vous, ondule comme le feraient des
vagues, exactement de la même manière que lorsque vous frappez un
gong avec un maillet. Un savant vous
dira qu'une grande sphère de vibra-

tions enveloppe le gong; celles-ci parviennent à vos oreilles sous forme de
son ; elles sont invisibles entre vous
et le gong, mais elles n'en existent
pas moins et cela est prouvé par l'effet produit lorsqu'elles frappent le
mécanisme de l'organe adapté pour
les recevoir et les reproduire.

De la même manière, lorsque vous
éprouvez une émotion, il se produit
comme un impact sur cette matière
astrale ; il se forme des ondulations
qui vont s'éloignant de votre corps
comme une grande sphère de matière
vibrante ; ainsi que toutes les vagues
de vibrations, elles sont soumises aux
lois ordinaires, diminuant d'intensité
lorsque la distance augmente et s'é-
puisant graduellement en s'éloignant
de leur source.

Pensez à cette matière fine et invisible que l'émotion fait vibrer, comme

l'air vibre sous l'influence d'un son
généré par un gong, une corde de violon, une note de piano, etc. Mais cette
matière dont il est question ne répond
ni au son, ni à la lumière, à aucun
courant d'électricité, mais si je puis
me servir de cette expression, à un
courant d'émotion. C'est la caractéristique qui lui a été donnée par le Divin Architecte, mettant ainsi l'émotion
en rapport avec une espèce particulière de matière, comme d'autres formes de matière répondent soit au son,
soit à la lumière, soit à l'électricité,
la matière étant toujours le médium
par lequel l'énergie ou la force est
transmise à travers l'espace.

Il ne doit pas vous sembler étrange
qu'il y ait une espèce particulière de
matière qui ne réponde qu'aux émotions; vous êtes habitués à ces limitations dans vos études de physique. Un

rayon de lumière ne produit pas dans
l'atmosphère des vibrations qui attei-
gnent votre oreille, pas plus que les
ondulations qui nous parviennent
comme son ne sont produites par les
vagues d'éther que vous appelez la lumière. Souvenez-vous que Sir Wil-
liam Crookes fit une fois un tableau
de groupes de vibrations ; il divisa
par séries de degrés des groupes de
vibrations se manifestant soit comme
électricité, soit comme son, soit comme
lumière ; finalement, il fit remarquer
que des vibrations encore inconnues,
desquelles nous sommes inconscients,
pourraient dans l'avenir trouver une
autre application, répondre à une autre forme de force ou de vitalité, répondre peut-être à la pensée. De la
pensée, je parlerai à notre prochaine
réunion ; aujourd'hui, je vous entre-
tiendrai de cette manifestation parti-

culière de la conscience que nous appelons émotion.

Je vous demanderai seulement de
vous rappeler autre chose encore au
sujet du rapport entre le mode de
conscience appelé émotion et la matière qui vibre sous son influence.
L'émotion est en corrélation avec une
certaine vibration, de même qu'une
vibration est en corrélation avec une
émotion. Si la matière astrale vibre, il
s'élèvera dans votre conscience une
émotion correspondant à la vibration
particulière qui vous a frappé, qui a
atteint la matière astrale de votre
corps. Cela a été démontré d'une manière très intéressante. Je puis seulement vous indiquer que vous pourrez
étudier cette question traitée dans des
ouvrages français relatifs à des expériences d'hypnotisme et de trances
hypnotiques. Il y est dit que, tandis que

vous pouvez éveiller une émotion et
provoquer ainsi le geste correspondant, de même, en suggestionnant un
geste à un sujet hypnotisé, l'émotion
correspondante surgit dans son esprit.
Ainsi, si vous prenez la main du sujet,
la tenez enfermée dans la vôtre et la
secouez comme si vous étiez fâché, le
sujet manifestera de l'irritation ; ou
si vous faites naître la colère, les si-
gnes extérieurs la caractérisant se pro-
duiront.

Si vous désirez vérifier quelques-
uns de ces renseignements qui puis-
sent être nouveaux pour vous, lisez
les livres dans lesquels vous pourrez
trouver bien des résultats de recherches scientifiques se rapportant à ce
sujet. Pour l'instant, vous pouvez
admettre simplement, comme hypothèse, qu'une émotion cause une vibration dans la matière astrale ; et

lorsqu'une vibration se produit dans la matière astrale, l'émotion correspondante est provoquée si la vibration vient frapper un être humain.

Un autre point à retenir, c'est qu'une partie de cette matière astrale interpénètre la matière dense de notre corps physique et arrive ainsi à faire partie de celui-ci. Vous vous souvenez de la signification que je vous ai donnée du mot corps, un véhicule de conscience, simplement un véhicule matériel. Nous avons, d'abord, les solides, les liquides, les gaz et les éthers, puis, dans chacun de nos corps physiques la matière astrale qui interpénètre ces quatre éléments. Lorsque vous mettez une éponge dans l'eau, celle-ci se répand dans l'éponge, tout en ne cessant de l'entourer extérieurement. De même, tout l'ensemble du corps humain tout entier est interpénétré par

cette matière astrale dont la plus
grande partie l'entoure. Cette matière
est très souvent appelée « corps astral » ; afin de ne pas compliquer cette
explication, je l'appellerai pour le
moment la partie astrale de notre
corps, car vous vous souvenez que
j'ai divisé l'homme seulement en trois
parties : l'Esprit, l'âme et le corps.
Donc, cette matière émotionnelle in-
terprénétrant le corps humain s'étend
un peu au delà du corps dense visible ; elle forme en partie l'aura, ce
nuage invisible qui entoure le corps
dense humain. La partie astrale prend
la forme du corps dense auquel elle
est normalement associée. Mais, sauf
ce cas, c'est un simple nuage, inter-
pénétrant le corps physique de part
en part et se glissant dans la forme
que ce corps a déjà fixée. Repré-
sentez-vous donc cette matière émo-

tionnelle, pénétrant chaque partie de notre corps, s'étendant un peu au delà de celui-ci et entourée d'un grand océan de matière astrale qui peut à tout moment être mis en vibrations si celle contenue dans votre corps vibre.

Il y a une grande différence entre le corps astral et le corps physique. Le corps physique est le plus évolué de tous : il a évolué en premier et a fait, par conséquent, la plus longue évolution. Le corps astral l'est moins ; mais, plus vous êtes instruit, plus vous avez cultivé les arts, plus vos goûts esthétiques sont développés, plus vos pensées et votre vie ordinaire révèlent des penchants affinés, plus la partie astrale se développera en vous. Elle est en cours d'évolution et son développement se poursuit avec rapidité, étant donnée la croissance de l'intelli-

gence et de la pensée dans la race humaine.

De nos jours, cette matière astrale
est très hautement développée chez les
êtres les plus avancés de notre race ;
par elle, le merveilleux développement
du génie émotionnel qui se révèle chez
l'artiste est augmenté. Pour vous
tous qui êtes des gens réfléchis et
éclairés, elle est donc également évoluée dans une large mesure.

Il est nécessaire aussi de savoir que
les êtres humains sont très différents
selon le climat sous lequel ils vivent
et selon la race à laquelle ils appartiennent. Rappelez-vous également
que cette partie astrale qui est en vous
possède des sens, comme la partie
physique. Dans certaines conditions
de race et de climat, ces sens se développent chez un bien plus grand nombre de personnes. En Californie, dans

l'ouest de l'Amérique, ou dans l'un de ces États situés plus au centre, la tension électrique de l'atmosphère est normalement si élevée, que les enfants s'amusent à frotter leurs pieds sur un tapis, à se charger ainsi d'électricité, et peuvent en approchant leur doigt près de la joue d'un autre enfant, faire jaillir une étincelle électrique. Dans ces conditions, les sens astrals se développent beaucoup plus rapidement. Vous trouverez tout le long de la côte ouest de l'Amérique une grande quantité de personnes (ce n'est cependant pas encore tout à fait la majorité) ayant développé leur nature astrale dans des proportions considérables et qui sont devenues ce que nous appelons des sensitifs. J'ajouterai, qu'à notre stade actuel d'évolution, toute personne peut arriver momentanément à ce même résultat en se laissant hypno-

tiser, ce qui paralyse le corps physique, et lui permet de devenir clai-
voyante, clairaudiente. Cela prouve
que ces sens sont tout à fait sur le
point de s'éveiller. Chez l'homme et la
femme ordinaires, tout en étant arri-
vés à ce haut degré de développement,
en règle générale, ces sens ne se manifestent que s'ils sont artificiellement
stimulés. Dans certaines conditions
cependant, ils apparaissent naturellement. Si vous êtes sous l'empire
d'une grande surexcitation nerveuse ;
si vous vous êtes surmenés, si vous
avez la fièvre au delà de 102° ou
103° Farenheit vous pourrez devenir
clairvoyants ou clairaudients. Quand
vous avez la fièvre et ce que vous appelez le délire, c'est simplement la
faiblesse du corps physique qui permet au corps astral de le dominer
momentanément et d'imprimer sur

son cerveau affaibli ce qu'il voit dans
son propre monde. Vous trouverez
fréquemment des personnes qui deviennent clairvoyantes lorsqu'elles
sont souffrantes ; c'est une forme dan-
gereuse de cette faculté, capable, si le
corps n'est pas vigoureux, d'imposer
une tension trop forte pouvant conduire à une profonde dépression nerveuse ou même quelquefois à des ac-
cidents hystériques.

L'éveil de cette faculté se traduit
encore d'une façon différente : les sons
produisent des couleurs et certaines
personnes peuvent les voir. Carmen
Sylva, la reine de Roumanie, a fait paraître il y a peu de temps, un article
dans *The Ninetienth Century and Af-
ter* dans lequel elle décrit sa propre
clairvoyance. Dès qu'elle entend de la
musique, elle voit des couleurs dont
les teintes varient selon le genre

d'harmonie. Le son de la trompette produit la couleur écarlate ; la musique religieuse teinte l'atmosphère de bleu. Vous trouverez une quantité de détails relatifs à ce sujet dans la littérature théosophique.

Considérez maintenant un sentiment que plusieurs parmi vous éprouvent peut-être, un certain sentiment de nervosité la nuit, si vous vous trouvez tout à fait seuls dans une maison. Carlyle dit une fois en parlant du diable : « Je ne crois pas en lui, mais j'ai peur de lui si je m'éveille au milieu de la nuit. » Bien des gens éprouvent plus ou moins ce sentiment ou quelque chose d'analogue.

Beaucoup d'entre-nous — très braves, je l'admets, en plein jour — comprendront ce qu'il veut dire. En ce qui me concerne, je me souviens du temps où j'étais sceptique et vivais

seule à Londres. J'écrivais alors jusqu'à deux ou trois heures du matin ; à
ce moment, il me fallait faire un réel effort de volonté pour éteindre la lumière
et monter l'escalier de la maison soli-
taire et silencieuse. Je me sentais nerveuse, bien que trop orgueilleuse alors
pour le confesser. Maintenant que je
connais le monde astral, je ne redoute
plus rien ; alors, je n'y croyais pas et
j'éprouvais une certaine crainte. Pourquoi ? La raison, je l'ignorais ; je la
connais aujourd'hui. A ces heures-là,
il y a dépression de vitalité. Tous les
médecins vous diront que, vers minuit,
la vitalité est à son minimum. En cas
de maladie, la mort se produit le plus
généralement entre minuit ou deux ou
trois heures du matin. A ce moment
de dépression de vitalité, la matière
astrale s'affirme, reçoit les impressions du monde astral et les commu-

nique au cerveau ; c'est alors que
nous reculons devant l'inconnu et que
la crainte s'empare de nous.

Quelques-uns parmi vous peuvent
avoir des pressentiments. Si un ami
éloigné est malade, bien que vous
n'en soyez pas averti, vous éprouverez
une certaine anxiété à son égard.
Lorsqu'un ami meurt, un sentiment
d'abattement vous envahira au moment de sa mort. Si vous tenez à
vérifier ces impressions, prenez l'habitude de noter l'heure à laquelle
vous les éprouvez sans motif apparent
et conservez ces notes afin de voir
plus tard si elles auront coïncidé avec
un événement touchant un parent ou
un ami auxquels vous aurez pensé.
Vous apprendrez davantage en vous
étudiant vous-même qu'en écoutant
des conférences. Celles-ci ne sont que
des guides ; le savoir est le résultat

de l'étude et de l'observation personnelle.

Dans certains cas, la matière astrale
se révèle, palpable et évidente ; il en
est ainsi lorsqu'un même sentiment
s'empare d'une foule tout entière.
L'art oratoire qui s'adresse aux émotions en est un exemple. La plupart
d'entre vous connaissent le nom de
mon ami Charles Bradlangh, un des
plus remarquables orateurs de nos
jours. Je l'ai entendu faire une conférence sur un sujet socialiste à des
membres du Carlton Club, de res-
pectables vieux Tories. Assis en face
de lui, tous l'applaudissaient furieu-
sement, entraînés simplement par l'é-
motion éveillée en eux par leurs corps
astrals vibrant sous la force de son
influence. Mais je doute fort que le
lendemain matin en se souvenant de
cette conférence, ils n'aient réprouvé

énergiquement les opinions avancées qu'ils avaient si vigoureusement applaudi la veille.

. Et cela est constamment le cas. Prenez un autre exemple, la panique. Un cri s'élève soudain ; quelques personnes s'effrayent. La peur met en vibrations la partie astrale des corps ; des ondes, des vagues d'émotion vont et viennent, pénètrent la foule, faisant vibrer les corps astrals, leur communiquant la peur ; à ce degré une panique folle s'empare de tous et ils ne pensent qu'à fuir un danger imaginaire.

Il en est de même pour les crises de nerfs. Un médecin vous dira que si un malade dans une salle d'hôpital a une attaque de nerfs, il devra être emporté le plus rapidement possible si on veut éviter que les autres malades ne soient pris de crises semblables. Pourquoi ? Parce que l'émotion ayant fait vibrer le corps astral du premier sujet, tous les autres corps astrals répondent à ces vibrations et ainsi l'émotion est reproduite.

Souvenez-vous de vos propres expériences. Vous rencontrez une personne gaie, heureuse et vous dites : « Quand elle entre, c'est comme un rayon de soleil. » Une autre vous aborde, comme enveloppée d'un grand nuage d'abattement. Tous nous ressentons cette dépression, et nous devenons tristes. Mais pourquoi ? Il y a une cause à tout cela. La joie et l'abattement sont contagieux, ils se développent exactement comme une maladie ou un état de santé vigoureux. Tout ce qui détermine des vibrations dans la matière est contagieux, car ces vibrations matérielles se reproduisent en éveillant des émotions similaires chez les autres.

Un dernier exemple. Vous rencontrez un homme ayant un mauvais caractère. N'avez-vous jamais remarqué dans ce cas que l'irritation vous gagne, même si vous vous sentiez très bien disposés auparavant ? Les vibrations de son corps astral ont déterminé chez vous des vibrations de même nature et éveillé le sentiment d'irritabilité.

C'est pourquoi les grands Instructeurs religieux vous ont recommandé de rendre le bien pour le mal, d'opposer l'amour à la haine. Si un homme vient vers vous plein de haine et que le même sentiment vous anime à son égard, ces vibrations synchrones se renforceront mutuellement. Les vibrations deviennent de plus en plus violentes ; la colère provoque la colère, la haine fait naître la haine, les deux hommes se querellent et peut-être deviendront pour toujours ennemis. C'est pourquoi chaque grand Instructeur nous dit : « Ne répondez pas au mal par le mal ; opposez lui le bon sentiment contraire. » Le Seigneur Boudha a dit : « La haine ne cesse pas par la haine ; la haine cesse par l'amour ». Le Christ vous a enseigné de bénir ceux qui vous haïssent. Voilà la raison scientifique par laquelle les Chefs religieux de l'humanité ont, dans leur grande sagesse, enseigné cette doctrine morale.

Il y a peu de temps, un sceptique me dit : « Pourquoi rendrais-je le bien pour le mal ? C'est absurde de le faire. » Je ne discutai pas avec lui le point de vue moral. Je lui indiquai seulement le résultat matériel, lui faisant remarquer les vibrations que nous faisons naître par la colère, les vibrations

5

opposées créées par l'amour ; comment les vibrations d'amour éteignant les vibrations de haine écartent les querelles et amènent la paix. Quelle fut sa réponse : « Oh ! Maintenant que vous parlez raison, je vois pourquoi je rendrai le bien pour le mal. »

Ceci est donc à retenir : vous pouvez à votre gré développer en vous les émotions bonnes et par cela même aider les autres à vaincre leurs mauvais sentiments. Vous pouvez devenir une source de bénédiction, apaisant la colère, calmant l'irritabilité, répandant autour de vous le contentement, le bonheur et la joie, en suivant cette loi de la nature qui est sûre et inviolable.

Avant de quitter ce sujet, je dois vous parler de votre responsabilité vis-à-vis des autres. Non seulement chaque émotion saine provoque en vous une vibration de la matière, mais elle se répand autour de vous et affecte le corps émotionnel des autres. L'émotion mauvaise agit de la même manière. Donc il ne suffit pas de maîtriser en apparence, il ne suffit pas de réprimer le regard courroucé, la parole irritée ou le geste menaçant ; vous devez déraciner le sentiment qui peut encore exister bien qu'invisible. Par vos passions, vous affectez la société et vous êtes dès lors responsables de l'influence que vous répandez. Ceci est à prendre sérieusement en considération, surtout dans les milieux où se trouvent des criminels d'un type violent, type que l'on rencontre plus fréquemment dans l'ouest que dans l'est, où un sentiment de colère s'exprime de suite par des voies de fait. Jamais ces hommes et ces femmes qui

vous entourent, maîtres d'eux-mêmes,
ne se laisseraient aller à un acte de ce
genre ; ils sont trop bien élevés, trop
dignes, trop orgueilleux. Mais le sentiment d'irritation couve — en eux ;
leurs corps astrals vibrent sous l'influence de la colère et ces vibrations se
répandent dans le monde astral où
elles se croisent avec de nombreuses
vibrations similaires. Toutes les pensées d'irritation de cette région se rassemblent en une vague de vibrations,
propageant ainsi ces violentes émotions ; quand cette vague rencontre
un individu non développé au moment
où il est provoqué, elle l'excite à agir
avec bien plus de violence qu'il ne l'eut
fait autrement. Son coup pourra donner la mort et la loi de l'homme sera
impuissante à atteindre ceux qui sont
en partie responsables de son acte.
Ils descendront dans leurs tombes ho-

norés et respectés, tandis que l'autre expiera son crime aux galères. Mais la Loi Divine est là qui juge tout, le sentiment aussi bien que l'action ; cette Loi d'absolue Justice qui donne à chaque homme le résultat de ce qu'il a semé et attribue à chacun sa part dans le crime du meurtrier, cette Loi qui n'ignore pas la force du poids ajouté par une mauvaise pensée, générée avec insouciance, au préjudice de la société.

Et il en est de même des grands actes d'héroïsme, lorsqu'un homme, par exemple, s'élance dans une maison en flammes ou plonge dans un fleuve impétueux, sans penser au danger inconnu, mais seulement à l'enfant qui est à sauver. Ce peut être un homme qui n'a rien d'un héros ; mais cette action soudaine a été stimulée par le courant des pensées de vail-

lance du milieu dans lequel il vit. Elle
a été stimulée par le courage du médecin qui soigne une maladie infec-
tieuse, par le courage de l'infirmière
qui veille l'enfant mourant de la di-
phtérie, par le courage de la mère
penchée sur son enfant malade, par le
courage individuel et collectif, du simple et de l'humble faisant ce qui leur
paraît être simplement le devoir et
qui ignorent leur propre noblesse.
Mais leurs pensées vaillantes se répandent dans l'atmosphère qui les entoure ; elles vivent là et se meuvent ;
lorsque l'occasion se présente ; quand
l'homme courageux, mais non héroï-
que, affronte le feu ou le torrent, toutes ces nobles pensées trouvent en
lui leur moyen d'expression, et la récompense de la vertu, de par la Loi
Divine, appartient à tous ceux qui ont
partagé et suscité ce noble sentiment.

Nous comprenons ainsi le lien qui unit tous les êtres et l'influence que chacun exerce constamment sur son prochain à travers cet océan de matière astrale dans lequel nous sommes tous immergés.

Parlons maintenant du sommeil. Qu'arrive-t-il quand vous vous endormez? Votre corps astral ainsi que tout ce qui est matière plus subtile encore abandonne la partie dense. « Mais, direz-vous, c'est l'avis des sauvages, de ceux que nous appelons animistes. » Ne soyez pas trop orgueilleux en appréciant les idées des sauvages. Ceux-ci sont pour la plupart des descendants dégénérés de grandes nations du passé et ils ont conservé quelques-unes de leurs croyances dans leurs propres traditions Les investigations modernes tendent de plus en plus à prouver que le sauvage n'est

pas, comme on le supposait, l'homme
enfant ; il est plutôt le très, très vieil
homme revenant à une seconde en-
fance, l'âge sénile de la sauvagerie.
Parmi les sauvages, quelques traditions ont survécu révélant, comme
Frederik Myers l'a dit, la connaissance de la subconscience, connaissance que notre psychologie moderne
retrouve seulement de nos jours. Re-
jeter une idée pour la seule raison
qu'elle nous vient des sauvages, n'est
pas un argument valide ; un sauvage
peut quelquefois être dans le vrai et
vivant plus près de la Nature, il saura
certaines choses que vous ignorez. Je
vous demanderai donc d'accepter simplement comme hypothèse cette idée
que lorsque vous vous endormez la
nuit, vous êtes dans la partie la plus
subtile de votre corps, laissant la partie plus matérielle dans le lit. Nous

avons souvent ce que nous appelons
des rêves ; vous devriez en faire une
étude approfondie. Que sont les rêves ? Il y en a trois sortes principa-
les. Vous pourriez vous documenter
dans *La Philosophie du Mysticisme*
de du Prel qui est une œuvre classi-
que sur ce sujet spécial. Vous trouverez là une étude sur les rêves pleine
de suggestions et d'éclaircissements.
Certains rêves ne signifient rien, rêves sans suite, fragments des souve-
nirs de la journée, de la veille, de la
semaine écoulée ou du dernier mois,
fragments décousus, ajustés comme
une sorte de mosaïque. Irrationnels,
manquant de connexion, ils sont dus
pour la plupart à une pression sur un
vaisseau du cerveau ou à une circu-
lation du sang plus intense, un arrêt
dans quelque petite veine causé par
une mauvaise digestion. Vous pou-

vez écarter ceux de cette catégorie,
ils ne signifient rien [1].

Puis, vous arrivez aux rêves qui sont
encore physiques, mais appartiennent
déjà plus à la partie éthérique du corps.
Nombre d'expériences ont été faites
quant aux rêves occasionnés par un
choc. Vous en trouverez beaucoup
d'exemples dans le livre précité. Je
n'en retiendrai qu'un seul pour vous
indiquer ce genre de rêve ; il est dramatique. On toucha à la nuque un
homme endormi, ce qui le réveilla.
En s'éveillant, il dit : « J'ai eu un rêve
horrible. Je rêvais que j'avais tué un
homme ; pour ce meurtre j'étais traduit devant le tribunal, jugé, con-
damné, conduit en cellule, amené devant la guillotine. Au moment où le

---

1. Voir aussi *Les Rêves*, par C.-W. LEADBEATER
(en préparation).

couteau me frôla, je m'éveillai ! » Ce
rêve dramatique fut provoqué par l'at-
touchement sur le cou : le tout se
passa avec une extrème rapidité et ne
dura pas même une minute, mais
dans ce court instant, ce long rêve eut
le temps d'être vécu. De nombreux
exemples de ce genre ont été relevés
à la suite des patientes recherches faites concernant la nature des rêves ;
celles ci ont conduit à cette conclusion
psychologique : la pensée agit hors
du corps dans une matière plus subtile que celle qu'elle emploie dans le
corps physique; cela explique la suc-
cession bien plus rapide d'états de
conscience qui n'auraient pu avoir lieu
dans le cerveau dans le même laps
de temps. Cette sorte de rêves n'est
pas très significative ; ils sont causés
par quelque impact extérieur, qui n'est
même pas forcément physique ; une

pensée traversant l'esprit peut inter-
rompre le rêve.

Il existe une autre classe de rêves;
ceux-là sont les réelles expériences de
l'homme en dehors de son cerveau
physique, expériences de l'homme revêtu de matière astrale la plus subtile
et vivant dans le monde astral. Ces
rêves ont leur valeur ; en vous éveillant, ils vous paraissent très vivants.
Par eux, vous pouvez parfois obtenir
une connaissance que vous ne possé-
dez pas à l'état de veille. Vous trouverez quelques exemples de ceux-ci
dans *La Personnalité Humaine* de
Frédéric Myers. Il a réuni un certain
nombre de rêves dans lesquels certaines connaissances, qui n'avaient pu
être acquises à l'état de veille, le furent
pendant le sommeil.

Tentez vous-mêmes l'expérience. Si
les problèmes de mathématiques vous

intéressent ou s'il est une autre question dont vous cherchiez la solution,
mettez la dans votre esprit en allant
vous coucher : n'y *pensez* pas, par ce
que cela vous tiendrait éveillés, mais
traitez votre esprit comme s'il était
une boîte. Mettez la question dans la
boîte et ne vous en occupez plus. Le
matin, vous trouverez généralement
la réponse. A une époque, il me plai-
sait de chercher à résoudre de diffi-
ciles problèmes de mathématiques.
Le soir, je pensais à une de ces questions dont je n'avais pu trouver la solution et j'employais le moyen précité.
Le matin, cette solution se présentait
elle-même à mon esprit et je l'écrivais
avant d'être complètement éveillée. Il
est difficile en revenant dans son corps
physique d'impressionner le cerveau.
Si vous désirez faire ces expériences,
prenez un crayon et un papier auprès

de vous et écrivez, avant d'être tout à
fait éveillés la solution trouvée. Ro-
bert Louis Stevenson nous dit que
son livre, *Dr Jekill and M. Hyde*, lui fut
suggéré la nuit par son « Broconies[1] ».
Mozart, le grand musicien, disait qu'il
entendait ainsi les grandes composi-
tions ; revenu à l'état normal il écri-
vait note par note ce qu'il avait entendu alors simultanément. Le grand
poéte Tennyson eut une expérience du
même genre. En répétant son nom
maintes et maintes fois, il arrivait à
s'hypnotiser et il entrait alors dans
un état impossible à décrire dans
lequel toutes choses lui paraissaient
lucides, où « la mort était une im-
possibilité risible et où la perte de
l'individualité semblait être la seule
vie véritable ». Mais Tennyson était

1. Esprit familier.

un génie et ces phénomènes se manifestent plus facilement chez un génie que chez l'homme du monde.

Vous pourriez tenter aussi une autre expérience. Admettons que vous connaissiez une personne se trouvant dans la peine ou quelqu'un dominé par un vice. Mais vous êtes éloigné, et ne pouvez allez au secours de votre ami. Pensez à lui au moment de vous endormir ; pensez que vous désirez vous trouver auprès de lui et le consoler. Dès que vous serez endormi, votre pensée vous amènera en sa présence et vous pourrez adoucir sa peine. Bien des vices ont été ainsi enrayés. L'ivrognerie a été corrigée de cette manière. Pendant les heures de sommeil, l'homme reçoit plus facilement les impressions ; vous pourrez aller à lui astralement et lui exposer des arguments qui l'arrêteraient dans sa conscience de veille. Sur le plan astral, ces pensés s'imprimeront sur son esprit et à son réveil lui sembleront être le fruit de ses propres réflexions. Vous pouvez donc aider un ami par ce moyen ; il est à la portée de chacun de nous et ne demande aucun entraînement spécial.

Il en est de même pour ceux que vous aimez et dont la mort vous a séparés. Parfois, vous rêvez d'eux. En réalité, ça n'est pas un rêve ou de l'imagination ; la réunion est réelle dans le monde où vous pénétrez lorsque votre corps est endormi. Pensez aux êtres que vous avez aimés, laissez votre esprit se fixer sur leur souvenir ; dans vos heures de sommeil, vous serez avec eux, éveillé. Et c'est seulement lorsque vous reviendrez à la vie consciente — que les hommes appellent consciente, mais qui est considé-

rée comme le sommeil dans les mondes
supérieurs — que vous leur semble-
rez retomber endormis puisque vous
ne serez plus sensibles ni à leur contact ni à leur présence. Vous pouvez,
de cette manière, leur apporter une
grande aide. En vous développant,
vous devenez ce que nous appelons
« éveillés » sur le plan astral. Cela veut
dire que vos sens astrals sont tour-
nés vers l'extérieur. Vous voyez, sentez, écoutez, connaissez et pouvez agir,
parler aussi librement qu'ici-bas, —
que dis-je, plus librement encore. Et
lorsqu'une grande calamité survient,
un tremblement de terre, un naufrage
ou une guerre meurtrière comme celle
qui est engagée en ce moment dans
l'est de l'Europe, vous pouvez, si vous
en avez le désir, devenir un aide ; vous
pouvez secourir ces malheureux séparés violemment de leurs corps physi-

6

ques dans l'ardeur de la lutte, cour-
roucés, frémissants, ne sachant où
ils se trouvent, ni ce qui leur est ar-
rivé. Vous pouvez aller à eux, semblables à des anges de miséricorde, calmant, adoucissant, consolant, lorsque
vous aurez appris à devenir conscients
dans les mondes supérieurs.

Et quand vous posséderez cette
conscience, vous cesserez de crain-
dre la mort, car ce monde dans lequel
nous pénétrons chaque nuit est celui-là même qui deviendra notre demeure après la mort. Quelques chrétiens lui donnent le nom de « monde
intermédiaire », intermédiaire entre ce
monde-ci et le ciel. Les Hindous l'appellent « Kamaloka », la région du désir, de la sensation. En réalité, c'est
le monde de l'émotion. Quand vous
mourez, vous laissez simplement le
corps physique de côté ainsi que vous

l'avez fait chaque nuit pendant le sommeil et vous passez dans le monde astral qui vous était déjà familier, tandis que vous viviez dans le corps physique. Quand vous vous réveillerez dans cette nouvelle région, après le sommeil que les hommes appellent la mort, vous vous retrouverez semblables à ce que vous étiez sur le plan physique. Vos émotions, vos pensées, votre savoir seront les mêmes. Vous n'êtes pas changés ; mais les conditions dans lesquelles vous vous trouverez dépendront de la vie que vous aurez menée ici-bas. Et voici pourquoi il est utile de savoir ce qui nous attend de l'autre côté de la mort.

Pour ceux qui sont chrétiens et ont été élevés dans la vieille croyance de l'enfer éternel, la mort — même pour les meilleurs d'entre eux — est sou-

vent un sujet de crainte. Les plus
raisonnables, ne se trouvant pas suf-
fisamment parfaits, pour jouir d'un
ciel éternel, ni assez mauvais pour endurer les tourments d'un enfer éternel, ne se soucient plus de rien et
disent : « Attendons d'y être. » En
effet, ils s'y trouveront assez bien,
mais cela n'est tout de même pas la
meilleure manière d'affronter un
monde inconnu.

Les catholiques romains appellent
ce monde le purgatoire. Pourvu que
vous ne soyez pas mort en état de
péché mortel, l'église peut arranger
les choses et même si elle demeure
impuissante il reste ces grandes misé-
ricordes surérogatoires du Tout Puissant qui sauvera l'âme perdue des
souffrances perpétuelles. Le purgatoire cependant ne convient pas ainsi
que l'église le suppose, à tous ceux

qui ne sont pas des Saints ! Il devient
la demeure de ceux qui ont vécu dans
le péché flagrant et grossier, principalement de ceux qui ont été intem-
pérants, ivrognes, dissolus. Ces trois
grands péchés corporels impliquent
de terribles souffrances de l'autre côté
de la mort. Elles ne sont pas provo-
quées par la colère de Dieu, car Dieu
est amour ; ni par esprit de vengeance,
car Il est le Père de toutes les âmes
qu'Il a créées ; mais, ayant succombé
à ces désirs, à ces passions qui pro-
cèdent du corps astral, tous ces appé-
tits demeurent aussi vivaces dans l'au-
delà cependant que le corps physique,
l'instrument qui permet de les satisfaire a été détruit par la main glacée
de la mort. Voilà le véritable enfer,
les passions inassouvies de l'ivrogne
pour la boisson, du glouton pour les
mets savoureux, du sensuel pour les

délices des sens. Et ces désirs ardents
qui ont infiniment plus de force que
les désirs terrestres ne peuvent plus
être satisfaits. Ne pouvant plus entrer
en contact avec l'objet souhaité, leurs
passions les brûlent comme un feu
dévorant jusqu'à ce qu'elles s'épuisent
à la longue, n'étant plus alimentées.
Si vous avez laissé croître vos passions et que la mort vous surprenne,
l'au-delà, en vérité, vous réservera de
vives souffrances car, selon la Loi, ce
que vous avez semé, vous le récolte-
rez. Vous êtes votre propre bourreau
et votre folie seule vous rendra malheureux de l'autre côté de la mort.

Mais quantité de gens ne souffrent
pas, et cependant ne sont pas heureux ; un ennui profond est leur par-
tage ; c'est parce qu'ils ne se sont
intéressés dans la vie qu'aux choses
insignifiantes. Si vous ne prenez plai-

sir qu'aux distractions frivoles ; si les
occupations intellectuelles sont sans
attrait pour vous ; si vous ne vous
souciez ni de l'art, ni de la littérature,
ni de rien qui éveille les émotions élevées ; si vous aimez le jeu, les paris ;
si vous allez à l'église simplement
pour y voir les dernières modes, je
suis dans l'obligation d'affirmer que
vous ne serez pas très heureux après
votre mort et cela pendant une période
assez longue. Rien ne vous intéres-
sera ; vous ne pourrez y satisfaire ni
les frivolités de la vie, ni les occupations de la maison, ni toutes les petites choses qui remplissaient votre
existence. Vous direz peut-être : « Je
suis obligé de m'occuper des travaux
fatiguants de la maison, ou de remplir
les devoirs de mon métier. » Voulez-
vous dire que de l'autre côté de la
mort, j'aurai à supporter pour cela,

non des souffrances, mais un ennui inexprimable? Il y a un moyen par lequel vous pouvez l'éviter. Accomplissez le travail vulgaire auquel vous êtes astreint, en le considérant comme partie intégrante de l'activité Divine, comme une participation consciente à l'œuvre de Dieu dans le monde par lequel la société est maintenue. Si vous considérez comme telle la besogne du marchand qui nous assure notre subsistance, de l'homme de loi qui aide la justice divine à se manifester, du magistrat qui applique la loi divine pour le bien des hommes, du médecin qui personnifie le divin pouvoir de soulager, de la mère dont les soins pleins d'amour symbolisent la divine Maternité qui alimente le monde et rend possible la vie et la santé, du législateur qui traduit en pensées la loi divine, si vous rattachez

constamment vos occupations jour-
nalières aux œuvres universelles qui
sont divines, alors vous serez trans-
portés, au delà du devoir trivial et de
ses limitations, au delà des détails
mesquins de l'existence terrestre, dans
la gloire de l'activité divine, à l'œuvre
du Tout Puissant dans Son univers.

Mais cette doctrine n'est pas
nouvelle. Rappelez-vous comment
Georges Herbert l'a enseignée en parlant d'une servante qui balaie une
chambre :

A servant with this clause
Makes drudgery divine
Who sweeps a room as for Thy laws
Makes that and th'action fine [1].

Considérez le cas suivant : pensez à

1.   La servante, dans cet esprit,
     Rend tout labeur divin
     Qui balaie une chambre pour obéir à Ta loi
Ennoblit cette besogne et son accomplissement.

cette classe humiliée, réprouvée, impure avec laquelle vous évitez ici tout contact, la classe des boueux. Mais grâce à leur besogne malpropre, nous jouissons de la propreté; par leur misère, notre santé est préservée ; par leur dégradation nos goûts raffinés sont satisfaits ; comme le lotus sort de la vase, ainsi nos penchants délicats s'affirment grâce à leur labeur impur. Leur travail est indispensable à la société. Dites-leur qu'ils coopèrent avec la nature. Instruisez-les, éveillez leur intelligence ; persuadez-les que leur besogne fait partie du noble travail de la Nature. Dites-leur que la santé publique dépend de leur ouvrage exactement accompli. Efforcez-vous de leur faire comprendre que de la corruption la Nature fait sortir la fleur, qu'elle efface l'impureté et la change en parfum. Si vous arrivez à les péné-

trer de ces vérités et si d'autre part,
vous-mêmes comprenez qu'ils doivent
être honorés et non méprisés vous aurez alors appris le grand secret de la
vie spirituelle. Vous saurez que Dieu
est l'unique Ouvrier et que dès lors
tout travail est honorable et doit être
respecté.

Méditez ces idées ; quand vous les
aurez assimilées, vous comprendrez
mieux la vie. Tous ceux qui ne sont
pas physiquement vicieux, tous ceux
dont les aptitudes et les émotions ne
sont pas vulgaires, jouiront dans le
monde intermédiaire de l'autre côté de
la mort d'une vie de bonheur et de
jouissances intenses ; ils pourront
aussi être bien plus utiles à l'homme
que sur le plan physique.

J'ai esquissé rapidement un sujet
très complexe et cherché à remplir les
lacunes en vous indiquant quelques

ouvrages dans lesquels vous pourrez
trouver de plus amples renseignements. Je puis seulement vous dire en
terminant cette seconde partie de notre
étude : augmentez vos connaissances ;
comprenez que la loi régit le monde
et que vos émotions aussi bien que le
fonctionnement de l'univers sont sou-
mis à son contrôle. Si vous apprenez
à guider, à diriger vos sentiments, à
leur imposer votre autorité ; si vous
ne leur permettez pas de vous empor-
ter à la dérive cette connaissance.
cette compréhension de la loi rendra
votre existence calme et forte. Vous
comprendrez que cette courte étude,
forcément superficielle, vaut la peine
d'être poursuivie dans vos heures de
loisir, guidés par votre propre intelligence. La simple indication que je
vous ai donnée aujourd'hui peut vous
mener sur le chemin d'un savoir et

d'une vertu qui illumineront votre vie et vous donneront une mort paisible.

Les étudiants pourront lire *Le Plan Astral* et *Clairvoyance* ainsi que les chapitres traitant du plan astral dans *La Sagesse Antique. Les Lois fondamentales de la théosophie.* Les expériences d'hypnotisme peuvent être étudiées dans l'ouvrage de Binet et Féré, traitant cette question et dans *La Grande Hystérie* de Charcot.

## La vie de l'homme dans le Monde Mental et après la Mort

Nous aborderons maintenant le troisième sujet, le plus intéressant peut
être de ceux que nous avons traités
jusqu'ici. Nous parlerons de l'intellect, de son monde, et de ce qu'il ad-
vient après la mort de l'homme en tant
qu'intelligence. Vous vous souvenez
que, dans notre première conférence,
j'ai fait allusion à William-Kingdon
Clifford. Il employait l'expression de
substance mentale. Or le professeur
Clifford était un agnostique ; il serait

peut-être allé plus loin encore en défi-
nissant son attitude philosophique.
Il ne croyait pas à la survie de la
conscience individuelle après la mort,
mais il pensait que cette conscience
individuelle retournait alors dans le
grand océan de conscience cosmique.
Comme tout savant, il était habitué à
toujours trouver, lorsque la vie ou la
force se manifestent, la présence d'une
forme de matière servant de véhicule
à l'action de cette force ; de là, il
concluait que la pensée étant un phénomène indiscutable dans notre monde,
il devait exister quelque type spécial
de matière, répondant à la pensée,
agissant comme son milieu de mani-
festion et produisant ses effets dans
notre monde. Ce raisonnement ne dé-
passait pas les limites de la science
ordinaire ; mais il ne pouvait aller
moins loin. Il pensait donc que l'in-

telligence arrivait à se manifester par
cette « substance mentale » de même
que les vagues d'éther se trouvent en
rapport avec la vue et que les vagues d'air portent à l'oreille les vibrations qu'on appelle le son. Soit
que vous considériez avec nous l'Esprit de l'homme comme une Intelligence immortelle ou bien comme une
manifestation temporaire de conscience, il ne vous semblera pas dé-
raisonnable que nous nous attendions
à trouver quelque type de matière
correspondant à cette Intelligence,
comme l'œil à la lumière et l'oreille
au son. D'après nous, notre Esprit
immortel, ou plutôt éternel, afin d'entrer en contact avec les mondes infé-
rieurs, s'approprie de la matière appartenant à ces mondes. Ainsi que
nous l'avons vu dans la première de
nos réunions, l'Esprit apparaît comme

Volonté, Sagesse et Activité Créatrice ;
de même donc, l'Esprit devra em-
prunter à chacun de ces trois mondes
de la pensée, de l'émotion et de la
volonté, de la matière dans laquelle il
s'enrobe afin de pouvoir se manifester. J'ai dit trois mondes ; le seul
point que je vous demanderai d'accepter pour le moment à titre de simple hypothèse, c'est que chacun de
ces mondes se distingue des autres
par le type de son atome fondamental.
Ceci n'est pas, naturellement, reconnu par la science ordinaire. Nous
prétendons ceci : de même que les
solides, les liquides et les gaz — nous
disons aussi l'éther — sont simplement des agrégations de l'atome
ultime physique, de même dans le
monde de l'émotion et dans celui de
la pensée, il y a un atome ultime duquel toutes les agrégations sont

7

composées, les états de matière étant
simplement ce même atome combiné
de façons différentes. Connaissant ces
états de matière dans le monde physique sous la forme de solides, de liquides et de gaz, vous pouvez vous
les imaginer dans les mondes émotionnel et mental et penser à un
monde composé de « substance mentale, » matière dans laquelle la pensée se manifeste.

De ces trois mondes, deux nous
sont fermés, du moins en ce qui concerne la perception de leurs phénomènes. Par notre cerveau, nous ob-
tenons la connaissance d'un seul
monde, mais notre conscience est à
l'œuvre dans les trois. La matière la
plus subtile est aussi réelle que la plus
dense. Je prierai mes amis hindous
de ne pas discuter, pour l'instant, au
sujet de ce mot « réel » : je ne parle

pas métaphysique. Mais il vous faut
retenir que, dans notre monde physique, c'est au moyen de cette matière
plus subtile que la conscience peut
prendre contact avec le monde extérieur. Oui, dites-vous, tout cela est
très bien ; nous vous accordons que
nous entendons au moyen d'ondulations de l'air que nous ne pouvons
voir normalement ; que les ondulations d'éther nous permettent de voir,
bien qu'elles soient invisibles pour
nous. Mais vous prétendez qu'il y a
d'autres formes de matière invisible
qui transmettent aussi certaines formes distinctes de connaissance à la
conscience. Sachez donc que votre
cerveau est en voie d'évolution ; il
n'est pas parfait ; il se développe, il
n'est pas complet. Vous avez développé
dans votre corps physique les organes des cinq sens dont la conscience

se sert pour entrer en contact avec le
monde extérieur ; exactement de la
même manière, vous devez développer maintenant dans le cerveau deux
organes de l'avenir qui permettront à
la conscience de veille de l'homme,
travaillant dans le cerveau, d'obtenir
la connaissance des phénomènes des
mondes émotionnel et mental. Naturellement, cette opinion ne concorde
pas exactement avec celle de la Science
ordinaire, mais nos connaissances sur
ce sujet se sont un peu augmentées ces
dernières années.

Ces deux organes auxquels on prête
si peu d'attention sont le corps pituitaire et la glande pinéale. Des recherches faites à cet égard ont simplement fait découvrir que la glande
pinéale produit une sécrétion interne
et que le corps pituitaire entre en jeu
dans certains cas de croissance anor-

male. Les savants reconnaissent aussi
que si l'on boit de l'alcool, la partie
volatile montant à travers les ouver-
tures internes jusqu'à ce corps pituitaire empoisonne celui-ci très rapidement et gravement. C'est tout ce
que la science nous dit à ce sujet.

Nous, nous disons que la connaissance des phénomènes du monde astral nous est transmise par le corps
pituitaire. Il sera l'organe, dans l'a-
venir, du sens par lequel cette connaissance parviendra à l'homme dans
sa conscience de veille. Nous savons
aussi, par expérience personnelle,
que si l'on essaye de développer la
vue et les autres sens du monde astral, il faut prendre des précautions ;
car, on peut, en imposant de trop
grands efforts à cette partie du cerveau, amener une inflammation du
corps pituitaire, très difficile à trai-

ter et de laquelle il n'est pas aisé de
se débarrasser complètement. Je dis
ceci simplement pour indiquer le rapport ; tirez-en la déduction qu'il vous
plaira.

A notre avis, la glande pinéale est
appelée à mettre le cerveau en contact
avec le monde mental. Des recherches
tout à fait récentes seront d'une grande
utilité à cet égard. Un neurologiste
allemand célèbre, von Frankl Hach-
wart cherche à découvrir les fonctions
de la glande pinéale. Il dit que bien
qu'il ne puisse encore donner de ren-
seignement précis, il est certain qu'un
rapport existe entre cet organe et la
mentalité de l'homme. Un fait physio-
logique bien connu, c'est que certaines sécrétions de cette glande ne se
trouvent pas dans le cerveau d'un
nouveau-né, ni dans celui d'un homme
très âgé, ni dans celui d'un idiot ; on

les trouve seulement dans le cerveau
d'un homme qui meurt en pleine activité mentale.

Vous avez là un simple indice — je
ne prétends pas à autre chose — ou-
vrant le chemin à des recherches ulté-
rieures. Et, je ne crains pas de le
dire, ainsi que maintes fois déjà, l'o-
pinion des Voyants et des Mystiques
d'aujourd'hui sera adoptée par la
science de demain. Je n'insisterai pas
davantage.

Donc, cette question trouvera sa
solution dans l'avenir, quand la connaissance des autres mondes parviendra à notre conscience à l'état de
veille. Je vous le dis positivement,
on peut obtenir cette connaissance
en agissant sur ces organes dans le
cerveau et en pratiquant en même
temps la méditation pendant une période fort longue. Un certain nombre

de personnes, ici et ailleurs, ont développé la possibilité de connaître et
d'observer à l'état de veille, les phénomènes des mondes mental et astral. Je vous parlerai aussi des mystiques à propos d'une conférence très
intéressante faite par le doyen de la
cathédrale de Saint-Paul ; vous avez
pu en lire le compte rendu dans le
*Times* qui commentait quelques-unes
des questions soulevées.

D'après notre point de vue, le corps
mental, ainsi que nous l'appelons, ou
les organes de la mentalité dans votre
corps physique — car il interpénètre
celui-ci — est fait de cette substance
mentale, et il est organisé par la pensée. Plus vous exercez votre pensée,
plus cette partie mentale de votre corps
s'organise. Cette action créatrice de
la pensée agit physiquement sur le
cerveau et mentalement par la crois-

sance de l'intelligence ; elle agit encore moralement par la construction
du caractère. Souvenez-vous que nous
parlons de ce qui est un reflet de la
divine Activité Créatrice, l'activité de
la troisième Personne de la Trinité,
ou Trimurti qui amène les mondes à
l'existence. Votre Esprit, votre Intelligence est pour vous ce que le Divin
Esprit créateur est à un univers ; c'est
l'unique faculté créatrice à votre disposition, le pouvoir par lequel vous
pouvez vous transformer, jusqu'à un
certain point comme cerveau, large-
ment comme intelligence, et entièrement en ce qui concerne la moralité.
Ce pouvoir est en vous ; il vous faut
seulement apprendre à l'employer.
J'essaierai de vous indiquer la voie à
suivre qui vous prouvera que ce pouvoir est une Loi de la Nature.

« Ce à quoi un homme pense, il le

devient. » Je cite là, et un grand nombre parmi vous le connaissent, un vieux verset des Upanishads des hindous. On retrouve la même pensée exprimée par le roi juif Salomon : « Ce à quoi un homme pense, il l'est. »

Il importe peu que vous suiviez les préceptes de l'un ou l'autre Sage, hindou ou juif ; chacun proclame une loi de la nature, trop oubliée de nos jours.

En ce qui concerne le cerveau, l'action créatrice de la pensée agit sur lui et active sa croissance. Prenez un bon livre d'anatomie et étudiez le mécanisme du cerveau. Vous y verrez que le cerveau du petit enfant est comparativement lisse ; que le cerveau du penseur, mort dans l'âge mûr témoigne d'une augmentation considérable du nombre des circonvolutions. Vous trouverez aussi, si vous lisez un livre traitant de physiologie, plutôt que d'anatomie, qu'il existe dans le cerveau un certain groupe de cellules grandes et munies d'un noyau, mais comparativement peu nombreuses. Chez le nouveau-né, ces cellules sont absolument séparées. Après l'âge de sept ans, elles commencent à se relier par les pédoncules qui émanent d'elles-mêmes. Lorsque la pensée se développe, que l'enfant commence à raisonner, à juger, à comparer, l'intelligence agissant sur le cerveau qui doit être l'instrument de la pensée, stimule la croissance et modifie ces cellules. Celles-ci produisent des petites radicelles, les radicelles s'anastomosent et, graduellement, il se forme une sorte de trame ou de réseau qui relie toutes les cellules entre elles. Elles n'augmentent pas en nombre, mais en volume, et les radicelles se multiplient. A mesure que l'intelli-

gence de l'enfant progresse par le raisonnement, il y a extension de la substance du cerveau et l'instrument de la
pensée s'améliore. De là, bien des
médecins concluent qu'il est préféra-
ble de chercher plutôt à développer
le pouvoir d'observation que celui du
raisonnement chez un enfant au-dessous de sept ans ; il ne faut pas non
plus exiger de lui une somme d'intelligence pour laquelle il n'a pas encore
développé la base matérielle nécessaire. Ainsi, vous voyez que même
sur ce cerveau résistant composé
de matière physique dense, l'activité
créatrice de la pensée produit un
certain effet.

Parlons maintenant du caractère.
Je ne prétends nullement que vous
adoptiez mes vues à ce sujet. Je vous
propose une simple expérience que
vous pourrez tenter vous-mêmes, afin

de prouver l'existence de la loi de laquelle je vais vous entretenir. Je dis qu'il existe une loi de la Nature, par laquelle l'intellect en fixant son attention sur une vertu, amène graduellement cette vertu à faire partie du caractère ; elle se manifeste ensuite automatiquement et sans effort. Un homme peut donc délibérément construire son caractère comme il lui convient, à condition de travailler en accord avec cette loi et en l'observant avec toute la patience et la persévérance que ces expériences exigent.

Voici la manière de procéder. Etudiez votre caractère et arrêtez-vous à un de vos points faibles, absence de vérité, lâcheté, irritabilité, enfin un vice ou un défaut quelconque. Lorsque vous aurez reconnu que vous succombez généralement à ce mauvais penchant ; que si une personne vous

contrarie, vous devenez irritable ; que
si vous vous trouvez en face d'un
danger, vous êtes lâche ; que si une
difficulté se présente, vous avez recours
au mensonge, laissez cela de côté et
n'y pensez plus. Appesantissez-vous
sur la vertu opposée et ne pensez plus
jamais au défaut. Chaque fois que
l'intellect s'arrête sur une faiblesse,
celle-ci se trouve augmentée par la
force même de votre pensée et persiste
au lieu de disparaître. Même si vous
éprouvez des regrets, la vie qui anime
la pensée, vitalise cette faiblesse ; votre
regret l'augmente et l'enracine dans le
caractère. Rejetez-la derrière vous. Ne
permettez jamais à votre esprit de s'y
arrêter, ne fut-ce qu'un instant, mais
pensez à la vertu opposée. Il ne suffit
pas d'y penser fortuitement. Chaque
matin, quand vous vous levez, avant de
sortir et de vous mêler aux autres,

fixez votre intellect pendant deux, trois, quatre ou cinq minutes, selon votre pouvoir de concentration, sur la vertu que vous désirez édifier. Faites cela avec persévérance chaque matin ; ne manquez pas un seul jour ; sans cela, la matière du corps mental tendra à perdre la forme que vous cherchez à lui imposer et à reprendre celle qu'elle avait primitivement. Chaque jour, automatiquement, vous retomberez dans la faute que vous cherchez à corriger ; ne vous en préoccupez pas ; continuez ; chaque matin concentrez-vous sur la vertu désirée. Admettons que vous cherchiez à acquérir de la patience ; vous pensez à la patience le matin ; dans la journée, quelqu'un vous impatiente ; vous lui répondez avec irritation ; mais, tout en répondant, cette pensée vous viendra à l'esprit : « Oh, je voulais être patient. » Cela ne fait rien ! Quand vous aurez médité sur la patience pendant quatre ou cinq jours, à l'instant où les paroles irritées s'échapperont de vos lèvres, vous vous direz : « Je voulais être patient. » Continuez avec persévérance et bientôt la pensée de la patience se présentera avant que la réponse trop vive n'ait été donnée et vous réprimez la parole si ce n'est la pensée. Continuez avec persévérance, le temps qui vous sera nécessaire, dépendra de votre concentration, du pouvoir de votre pensée ; mais tôt ou tard, l'irritabilité disparaîtra complètement et sera remplacée par la patience. Vous constaterez que d'une manière automatique, vous répondez à la provocation par la patience, à la colère par la douceur. Vous aurez construit dans votre corps mental la vertu à laquelle vous aspiriez. Vous pouvez méditer

de différentes manières selon votre
ingéniosité à vous tracer un plan. Un
de mes moyens favoris — j'étais très
irritable étant jeune — était de m'efforcer de personnifier la patience ; vous
n'avez jamais vu une sainte telle que
moi pendant ma méditation. N'importe ce que j'avais pu être en dehors
de cette heure pendant la journée, je
devenais alors absolument, complètement, parfaitement patiente ! Mentalement, je réunissais autour de moi
les gens les plus désagréables, les
plus agaçants de ma connaissance ;
en imagination j'exagérais leurs manières provoquantes et dans la même
proportion, je cherchais à accroître
ma patience. J'élaborais ainsi un petit drame mental dans lequel on s'ef-
forçait de m'irriter par tous les moyens
possibles, provocations auxquelles je
répondais comme une Graziella mo-

derne. Après un certain temps, je
m'aperçus, en rencontrant ces personnes, qu'elles avaient perdu tout pouvoir de m'irriter. « Pourquoi trou-
vais-je ces personnes si ennuyeuses? »
me demandai-je. Inconsciemment,
par mes efforts, la patience était de-
venue partie intégrante de mon caractère. Chacun de vous peut en faire
autant. Essayez, car la moindre expérience faite par vous-même vaut cent
conférences écoutées en doutant de
leur véracité. La Loi étant immuable,
inévitablement, vous devez réussir.
Vous pouvez ainsi acquérir une vertu
après l'autre, portant votre attention
sur chaque trait caractéristique jusqu'au moment où vous trouverez que
vous vous rapprochez un peu de votre
Idéal ; si éloigné que vous en soyez
encore, vous saurez que vous gravi-
rez la montagne dont le sommet est

illuminé par Sa présence et que
vous ne vous contentez plus de mar-
quer le pas à sa base. Je n'ai pas le
temps de vous donner d'autres exemples.

Considérez maintenant l'intelligence. Si vous désirez la développer
puissamment, il vous faut penser pro-
fondément ; vous ne devez reculer
devant aucun effort mental. Chaque
jour, sans jamais manquer, vous devriez lire — ne fût-ce qu'une demi-
page — un livre difficile à comprendre
afin d'exercer vos muscles mentaux
et de les fortifier. Mais la méditation
est le grand moyen pour développer
l'intellect. Beaucoup d'entre vous pensent que la méditation est une pratique purement religieuse. Religieuse,
assurément, dans ce sens que tout ce
qui est bon trouve sa place dans la
religion ; mais en dehors de la valeur

religieuse de la méditation, il y a sa
valeur mentale. Elle vous donne le
pouvoir de concentration, le pouvoir
de ne pas vous laisser distraire par
un objet passager qui absorberait autrement votre attention, le pouvoir de
fixer votre esprit sur une seule pensée
et de ne pas le laisser s'en détacher
jusqu'à ce que vous l'ayez complètement approfondie : voilà les résultats
de la méditation, aussi utiles en ce
monde qu'ils sont nécessaires pour
nous préparer à la vie de l'au-delà.
Si vous vouliez méditer seulement
dix minutes ou un quart d'heure chaque jour, vous constateriez l'accrois-
sement du pouvoir de votre pensée.
Tels passages de vos lectures que
vous n'aurez pas compris tout d'abord
vous deviendront, après cet exercice, parfaitement intelligibles ; car
l'homme peut modifier son intelli-

gence aussi bien que son caractère
moral. Quand vous lisez dans le but
de développer votre intelligence, il
faut vous efforcer de pénétrer la pensée de l'auteur, il n'est pas suffisant
de s'arrêter aux paroles écrites. Le
mot n'exprime que la moitié de la
pensée, quelquefois moins encore ; si
vous lisez un livre rapidement, tournant page après page, et ne retenant
que les points principaux, cela n'aidera pas beaucoup votre intelligence
à se développer. Mais prenez un sujet
difficile et réfléchissez à un passage
plus longuement que vous n'avez mis
de temps à le lire, *cela* aidera l'intelligence à se développer et à évoluer ;
de plus, vous perdrez cette mauvaise
habitude prise par l'intelligence moderne d'éparpiller l'attention sur une
douzaine de sujets différents, n'obte-
nant ainsi aucune connaissance pré-

cise, approfondie ; l'intelligence doit
se rendre maîtresse du sujet.

La pensée crée une *habitude* dans
l'intellect. N'avez-vous jamais été
frappé par ce fait que la lecture des
journaux avec leurs courts paragraphes donnant des nouvelles de toutes
les parties du monde habitue l'esprit
à s'éparpiller, à ne pas se fixer ? De
nos jours, la lecture des journaux
s'impose ; nous devons savoir ce qui
se passe autour de nous. Mais, pour
remédier à ce vagabondage de l'esprit, vous devriez avoir un livre d'une
pensée soutenue et suivie, même si
vous n'avez que très peu de temps à
consacrer à cette étude. Cela corri-
gera l'habitude de laisser errer votre
attention, habitude qui naît inévitablement de la lecture quotidienne des
courts paragraphes. C'est à peine
maintenant si un journal donne un

article sérieux exigeant un effort de
la pensée. Les rédacteurs s'efforcent
de résumer et d'énoncer une opinion
dont leurs lecteurs se font l'écho ; ra-
rement, une colonne nous fournit un
raisonnement serré et suivi, mais chaque journal consacre une colonne à
des paragraphes d'une dizaine ou d'une
vingtaine de lignes. Si l'on s'intéresse
à ceux-ci plutôt qu'à ceux demandant
quelque réflexion, cela dénote un esprit peu cultivé ; semblable au papil-
lon allant d'une fleur à une autre, il
ne recueille pas une nourriture suffi-
sante pour les jours à venir. Comme
nous ne pouvons éviter de lire des
journaux, nous devrions compenser
les désavantages inhérents à leur
genre d'information par la méditation
ou par une lecture sérieuse ; de cette
façon, nous ne prendrions pas cette
funeste habitude de sauter d'un sujet

à un autre, et ne gaspillerions pas nos
forces intellectuelles qui pourraient
nous faire défaut alors que nous en
aurions le plus besoin.

Une autre habitude importante est
la maîtrise de la pensée. Ne fût-ce
que dans une petite mesure, combien
d'entre vous y parviennent ? N'êtes-
vous pas dominés par votre mental ?
La preuve est très facile à obtenir.
Une inquiétude quelconque vous tient-
elle éveillé la nuit ? S'il en est ainsi,
c'est votre mental qui vous domine et
non vous qui le maîtrisez. Il doit être
à tel point votre serviteur que s'il vous
faut pendant le jour vous occuper de
cet ennui, la nuit vous devez entièrement l'exclure de votre esprit ; vous
devez pouvoir l'envisager sans lui per-
mettre de pénétrer dans votre esprit
et d'épuiser vos forces pour le lendemain. Il faudrait être si bien maître

de votre pensée que vous ne devriez
jamais vous tourmenter. Il est reconnu
que les tracas usent une personne ;
le travail, jamais. Les tourments agissent comme le mouvement d'une machine dont les roues tournent à vide
et s'usent plus rapidement que lorsque
la machine fonctionne réellement.
Votre cerveau est une machine. Ne
permettez pas à la pensée de l'excéder
quand il ne doit rien faire d'utile. Vous
devez garder la porte, la clé de votre
propre cerveau et mettre dehors tout
ce qui ne vous est pas nécessaire, et
cela doit comprendre toutes choses
auxquelles il est sans utilité de penser pour l'instant. Voilà ce que la sagesse exige : ne jamais penser à une
question troublante à moins qu'elle
ne puisse accroître votre pouvoir de
surmonter les difficultés et ceci ne
peut s'appliquer au mot tourment.

Se tourmenter signifie ressasser un ennui : penser à ce que telle ou telle personne dira. Arrêtez cela, si vous attachez de l'importance au pouvoir de la pensée. Le mental doit être sous votre contrôle et obéir à votre volonté.

Le monde mental est un monde réel. J'ai dit en parlant de la pensée qu'elle se manifestait ici-bas au moyen du cerveau, dans la conscience de veille. Mais son propre monde, le monde mental est aussi réel, — que dis-je? beaucoup plus réel — que ce monde physique dans lequel vous vivez. Là, les pensées, ainsi qu'il a été dit souvent, sont des choses ; les pensées revêtent des formes. Elles sont souvent reconnaissables à leurs formes; tout le temps que vous pensez, vous agissez dans la matière mentale, construisant ainsi des formes pensées, lesquelles sont transmissibles. Vous savez ce que l'on entend par atmosphère mentale. Chaque nation a une atmosphère mentale qui lui est propre. Vous ne pouvez vous rendre exactement compte d'un phénomène mental, à moins d'apprendre à vous débarrasser de l'atmosphère mentale de votre propre nation, de votre propre esprit. Observez les pays avant qu'ils n'entrent en lutte. La plupart des conflits sont amenés par des malentendus. Ils voient le même fait d'une façon différente. Un Français et un Allemand ne peuvent envisager la question de l'Alsace-Lorraine sous le même jour ; chacun la voit faussée à travers sa propre atmosphère nationale. Nous sommes constamment entourés de cette atmosphère mentale ; dans ce pays ci où des hommes de races différentes se trouvent mêlés, la moitié des malentendus proviennent

de ce simple fait que chaque individu
est entouré de sa propre atmosphère
nationale à travers laquelle il apprécie
toute question, toute émotion, toute
action inspirée par son prochain. L'In-
dou voit toutes choses à travers une
atmosphère indoue et l'Anglais à travers la sienne ; la mésintelligence en
résulte. La plupart des maux ne proviennent pas de réelles divergences
d'opinions, mais de simples malentendus, chacun désirant imposer à
l'autre les sentiments émanés de sa
propre atmosphère mentale qui est
entièrement différente.

Car ces pensées, ces formes-pen-
sées, sont des choses qui nous entourent, et toute pensée est transmissible.
La forme spéciale de transmission de
la pensée connue sous le nom de télé-
pathie (quand un individu envoie délibérément une pensée à une autre

personne en s'efforçant de lui com-
muniquer cette pensée qu'il a générée)
est un cas particulier de la transmis-
sibilité. Vous pouvez aussi essayer
cette expérience, bien que celle-ci soit
plus difficile que la première. Pour
commencer, deux d'entre vous devront
s'asseoir dans la même pièce, à une
petite distance, mais en vous tournant
le dos. L'un de vous devra penser
aussi fortement qu'il lui sera possible,
aussi fortement qu'il le pourra à quelque objet défini : un triangle ou une
figure géométrique quelconque peut
être choisie car on peut se l'imaginer
aisément. L'un pense ; l'autre fait, autant qu'il le peut, le vide dans son esprit ; chacun a un crayon et du papier. L'un reproduit la pensée qu'il a
dans l'esprit ; l'autre dessine la forme
qui lui vient à l'idée sans la discuter
et sans se demander si elle est juste.

C'est une des conditions de réussite pour cette expérience. Après une semaine ou deux, vous intervertirez les rôles après avoir comparé le résultat de l'envoi et de la réception de la pensée. La même personne ne doit pas toujours recevoir ; elle deviendrait trop négative, trop réceptive aux impressions étrangères. Il n'est pas bon de se rendre passif dans un monde comme le nôtre où tant de pensées mauvaises nous entourent. Lorsque vous constaterez de nombreuses réussites, procédez de même en vous plaçant chacun dans une pièce différente ; puis, dans deux maisons différentes ; ensuite, faite l'essai en étant aussi éloignés que possible l'un de l'autre. A moins que vous soyez tout à fait différents des centaines de personnes ayant tenté ces expériences (la Société de Recherches psychiques en a enregistré des quantités de ce genre), vous trouverez une similitude toujours croissante entre la pensée envoyée et celle reçue ; à la longue vous pourrez employer ce procédé avec autant de sûreté que la télégraphie sans fil : ce qu'on obtient du télégraphe par la force électrique, vous l'obtiendrez par la force de la pensée.

J'aborderai maintenant l'état post-mortem dans le monde mental. Une partie de ce monde est ce que vous appelez le ciel, — *svarga* — votre lieu de naissance et votre réelle demeure. Quand nous commençons à étudier le ciel au moyen du corps mental — souvenez-vous que c'est dans ce corps qu'est l'habitant normal de ce monde — nous constatons que les êtres venant du monde intermédiaire pour passer dans celui-ci, abandonnent leurs corps de matière astrale, exactement comme à leur mort, dans le monde physique ils ont abandonné leurs corps de matière physique. Donc, revêtus du corps mental qui leur a servi pendant toute leur existence, ils pénètrent dans cette région céleste qui fait partie du monde mental, protégé, débarrassé de toutes souffrances, chagrins, difficultés ; là, ils mènent l'exquise vie céleste et poursuivent l'évolution commencée dans leur existence terrestre.

Très sommairement, vous pouvez diviser les habitants de ce monde céleste en quatre classes :

1. — Ceux qui sur cette terre se sont distingués par leurs sentiments d'amour désintéressés, prodigués principalement à des individus, famille, amis, etc. Ils passent une période de temps considérable avec ceux qu'ils ont aimé sur terre, dans une union bien plus étroite, plus parfaite qu'elle

n'était possible alors que cette barrière de chair existait entre eux.

II. — La classe suivante comprend les fidèles de toutes religions. L'objet de leur dévotion peut être Celui qu'adorent les chrétiens, les hindous, les bouddhistes, les Mulsumans, les parsis, les juifs, cela importe peu. Les formes sont nombreuses, mais la vie est une en tous ceux auxquels s'adresse votre adoration ; vers un seul Dieu montent inévitablement toutes les pensées, toutes les aspirations. Appelez-le du nom qui vous conviendra le mieux : l'étiquette ne compte pas, le divin Cœur est tout. Ceux, qui pendant leur vie terrestre auront adoré une Forme spéciale, retrouveront au ciel cette Forme qui personnifiait Dieu dans leurs aspirations terrestres. Car Dieu se voile toujours Lui-même dans la Forme chère au Cœur de Son adorateur ; personne n'est un étranger dans le monde céleste. Chacun y trouve son idéal le plus élevé.

III. — Vous arrivez ensuite à une nombreuse classe de gens : ceux-là ont aimé, mais d'une manière plus large, plus féconde ; ce sont les philanthropes, ceux qui travaillent pour le bien de l'homme, ceux qui, pour l'amour de la religion, renoncent en grande partie au confort et au plaisir afin d'aider leurs frères en humanité. Ils sont occupés à combiner, à faire des projets, à élaborer des méthodes dont l'avenir verra l'exécution et par lesquelles le monde sera aidé. Ainsi que l'architecte perfectionne ses plans, ainsi ils perfectionnent l'édifice d'amour et de service que dans les siècles à venir ils érigeront sur terre pour venir en aide à l'humanité.

IV. — Dans la quatrième classe se

trouvent les grands Penseurs, les grands Artistes, ceux qui pratiquent la justice pour l'amour de la justice et non pour la récompense que la religion peut faire luire à leurs yeux ; ceux qui recherchent la connaissance ; ceux qui cultivent les arts. Tous ceux-là demeureront dans le monde céleste, récoltant ce qu'ils ont semé et semant aussi d'après le résultat de leur récolte pour la moisson prochaine d'une autre vie de Service.

En étudiant ceci — je passe trop rapidement sur ce sujet, mais il est si vaste — vous arriverez à comprendre que cette vie céleste est la conséquence directe de la vie que vous avez menée sur terre. Si vous cultivez l'amour, aimez le plus que vous pourrez ; il importe peu que l'objet de votre amour vous rejette, que votre ami vous trahisse. L'amour ne meurt pas. Si vous

persistez à aimer en dépit de la mal-
veillance, de la perfidie, de la trahi-
son, dans le monde céleste, votre ami
vous sera rendu, ce qui était perdu
sur terre vous le retrouverez au ciel.
Mais, pour cela, votre amour ne doit
pas connaître le découragement, car
le fil d'or qui doit être tissé dans la
vie céleste ne doit pas être brisé ici-
bas. Et il en est de même pour ceux
parmi vous qui adorez une Forme divine. Ne vous troublez pas si vous
ressentez parfois de la froideur, de
l'indifférence ; ce n'est pas là votre vie
réelle, c'est seulement le flux et le
reflux momentané de vos émotions.
Conservez pure et forte votre dévotion
et, dans le monde céleste, vous vous
trouverez aux pieds de l'Objet de votre adoration ; pendant de longs siècles vous jouirez de la Beauté infinie
vers laquelle se seront élevées vos

aspirations, aucun voile ne subsistera
entre votre cœur et le Sien.

Et si vous voulez acquérir la Connaissance c'est ici-bas aussi que vous
devez semer. Ici, il vous faut commencer ce que vous poursuivrez ensuite
dans le monde céleste ; alors, vous
rencontrerez les grands écrivains avec
lesquels vous vous trouvez en commu-
nion d'idées dans votre corps physique. Vous serez libres de choisir vos
compagnons, car, dans ce monde, on
se trouve réunis à ceux avec lesquels
on a des affinités ; dans ces champs
illimités du ciel vous vivrez dans l'in-
timité de ces grands écrivains, objets
de vos sympathies intellectuelles.

Si vos goûts vous portent vers les
Arts et que vos œuvres soient faibles,
aspirez toujours à vous élever davantage et continuez à lutter ; la pauvreté
de l'exécution importe peu, aucun de

vos efforts ne sera perdu. Au ciel, vous
retrouverez ces aspirations qui seront
alors les matériaux de votre travail.

Si votre idéal est le Service de l'humanité, l'allègement de la souffrance
humaine, la consolation de la douleur
humaine, la solution du problème de
la misère humaine, multipliez vos efforts, vos luttes persévérantes ici-bas ;
car, toutes choses ardemment dési-
rées sur terre sont transformées en
pouvoir dans ce monde céleste ; les
espérances et les aspirations deviennent des facultés qui permettront leur
réalisation. C'est exactement comme
un homme qui s'apprêterait à tisser
une exquise pièce de soie : il recueil-
lerait ici une teinte, là, une autre
nuance, ailleurs encore quelques fils
d'or, finalement du fil d'argent. Tous
ces trésors de soie et de métal étant
réunis, il s'assoirait chez lui devant

son métier et tisserait un délicieux
vêtement prêt à être porté et remar-
quable par sa beauté — tel est le rapport entre cette vie terrestre et celle
qui la suit. Ici, vous rassemblez vos
fils d'espérance, de pensées, d'aspirations dorées ; vous les réunissez et les
emportez dans votre réelle demeure
en traversant les portes de la mort
qui vous donnent accès dans le monde
céleste où la pensée devient pouvoir.
Là, vous tissez pour vous-même la
robe que vous porterez à votre retour
ici-bas. Aucune aspiration ne tombe
dans l'oubli, aucune pensée n'est perdue, aucun joyau ne vous est ravi. La
douleur est transformée en pouvoir ;
les souffrances qui ont été pour vous
une couronne d'épines deviennent une
couronne resplendissante de joyaux —
une couronne qui représente le pouvoir de racheter l'humanité ; car cha-

que souffrance porte en elle le germe
d'une nouvelle faculté, ainsi que l'a
dit Edward Carpenter[1]. Voilà la relation qui existe entre cette vie terrestre et celle qui la suit. Il est impor-
tant que vous compreniez cela, car si
votre vie terrestre est pauvre en pensées et en aspirations, votre vie céleste sera également pauvre ; au ciel,
vous ne pouvez commencer une chose
nouvelle ; la raison en est fort simple. Ici, votre corps mental se construit par la pensée et c'est seulement
dans le monde céleste que vous arriverez à vous mettre en contact avec
les choses qui ont occupé votre pensée sur terre. Ce sont les matériaux
avec lesquels vous devez travailler.

. . . . . . . . . . . .

1. Lire *Étude sur la Philosophie d'Ed. Carpenter*,
par M. Sénard, Prix : 1 fr. 50. Librairie de l'Art Indé-
pendant, 81, rue Darcau. — Paris, XIVᵉ (Note de l'E.).

I. — Le corps mental se construit pendant la vie terrestre au moyen de la matière spéciale attirée dans ce corps par la pensée et c'est seulement cette matière qui permet à son possesseur de prendre contact avec le monde céleste. Il n'a pas d'autre instrument de contact et, par cela même, se trouve limité par l'espèce de matière dont son corps mental est construit. Il est inconscient de toute autre chose qui peut exister autour de lui, car il ne possède pas d'organe qui puisse le mettre en rapport avec ces choses. Exactement de la même manière, nous sommes inconscients dans le monde physique de myriades de vibrations auxquelles nous ne pouvons répondre, ne possédant pas les organes appropriés. Notre inconscience actuelle ne nous donne pas l'impression qu'une chose nous fait défaut ;

il en sera de même dans l'autre monde.
Mais plus nous sommes en état de
répondre à ces vibrations, plus l'ho-
rizon de notre vie s'élargit.

Mais ce sont les seuls matériaux
qui soient à votre disposition et s'ils
vous font défaut, vous ne pourrez
rien faire. Cela vous indique l'importance énorme de votre existence actuelle. Elle vous fournit les matériaux
de votre vie céleste ; la richesse de
celle-ci sera en proportion des trésors
d'expériences que vous aurez recueil-
lis.

Considérez donc cela à ce point
de vue ; jugez-vous vous-mêmes, ju-
gez vos propres facultés, vos propres
possibilités et commencez ici ce que
vous désirez poursuivre dans l'au-
delà.

J'ai fait allusion il y a quelques instants à une conférence du Doyen de

Saint-Paul. Parlant du Mysticisme chrétien il dit : « Tous les mystiques prétendent que le ciel est autour de nous à tous moments ». Et cela est parfaitement vrai. Vous êtes en contact avec le monde mental par votre corps mental, car le ciel est le monde mental, ainsi que je vous l'ai dit ; seulement c'est une région spécialement protégée de ce monde. Donc, vous pouvez attirer à vous le monde céleste en proportion du développement de votre corps mental et à mesure que vous devenez plus vivant et éveillé dans celui-ci. Vous pouvez jouir des harmonies célestes au milieu des dissonances de ce monde, vous pouvez apporter son rayonnement, sa beauté, son éclat dans l'obscurité et la laideur terrestres. C'est réellement ce que saint Paul voulait dire quand il prononçait ces paroles : « Nous sommes

enfants du Ciel. » Nous en venons ;
et nous y retournerons. Si vous comprenez bien cela, vous ne serez jamais
tentés, ainsi que tant d'autres, de po-
ser cette question : » « Reconnaîtrai-
je mes amis au ciel? » Car, vous res-
terez vous-mêmes. Vous aurez le
même corps dans lequel vous pensez
actuellement et vous retrouverez vos
amis dans le corps mental qu'ils pos-
sédaient en ce moment. Vous les re-
connaîtrez donc et comment pourrait-
il en être autrement ? Les liens qui
vous unissent à vos amis ne sont pas
simplement des liens corporels ; vous
êtes également liés à eux par les émotions et l'intelligence ; ce sont des
liens qui tiennent à *vous-mêmes* et
non à vos vêtements. Un homme
pourrait aussi bien demander : « Re-
connaîtrai-je ma femme à mon retour
ce soir quand je retirerai mon pardes-

sus et qu'elle sera en toilette de soi-
rée ? » Il est impossible que vous ne
reconnaissiez pas tous ceux que vous
aimez, tous ceux que vous admirez.
Vos ennemis ? Non ! vous ne les rencontrerez pas. Eux aussi jouiront de
la vie céleste mais il ne pourra y avoir
de rapport désagréable entre vous,
car l'amour au ciel est l'autorité suprême et la haine ne trouve pas de
matière dans laquelle elle puisse s'exprimer.

De tout cela il résulte que votre vie
est une. Actuellement, vous vivez dans
trois mondes, non pas seulement dans
un seul, et votre conscience est active
dans ces trois mondes. Pour commencer, considérez ce point de vue comme
une théorie. Puis, si vos lectures for-
tifient ces pensées, étudiez-vous vous-
mêmes à la lumière de ces idées et
voyez si elles n'illuminent pas bien

des obscurités, si elles ne vous aident pas à mieux comprendre ceux qui vous entourent et à vous comprendre vous-même. En le comprenant vous acquérerez de l'espoir car il importe peu que vous soyez peu avancés sur la ligne de développement que vous désirez poursuivre. Cultivez vos tendances et dans le monde céleste une force nouvelle les intensifiera ; cultivez le talent que vous avez développé et vous serez amplement dédommagés de votre peine dans l'au-delà. Mais si vous étouffez vos aspirations et vos facultés, alors la moisson céleste sera maigre, car vous n'aurez pas rempli les conditions nécessaires pour vous donner dans ce monde une vie longue et heureuse.

Même si vous ne pouvez adopter le point de vue théosophique, s'il ne s'adapte pas aux connaissances que

vous avez déjà acquises, laissez du
moins le pouvoir créateur de la pensée devenir pour vous un exercice ha-
bituel et considérez dans toute sa
force ce qu'il comporte. Tous, vous
avez entendu parler des idées fixes.
Parfois, la folie en résulte ; quelquefois, d'un homme ordinnaire, elles font
un héros. L'idée fixe d'un fou est une
idée fausse qui n'est en accord ni
avec la nature, ni avec les faits qui
l'entourent. Le fou se croyant de
verre et par cela même craignant d'ê-
tre brisé est un fou parce que son
idée fixe est fausse. Mais considérez
celle de quelque grand patriote tel
qu'Arnold Von Winkerfield ; cet
homme, voyant les rangs serrés de
l'armée opposée et les paysans sous
ses ordres railler devant les lances ré-
gulières des troupes entraînées autri-
chiennes, s'élança au-devant de l'en-

nemi, réunit autant de lances qu'il put
entre ses bras tendus en attirant sur
sa poitrine les pointes acérées qui le
transpercèrent ; mais au moyen de cette
trouée pratiquée en sacrifiant sa vie,
ses hommes pénétrèrent dans les rangs
ennemis et la victoire leur resta. Son
idée fixe fut son amour pour sa patrie ;
elle fit de lui un héros qui donna sa
vie pour la liberté de son pays.

Il faut considérer la nature de l'idée
fixe ; la vérité de l'idée est d'une importance suprême ; mais l'idée fixe
est celle qui exige votre obéissance
aveugle, en dépit de tous les raison-
nements, de tous les arguments, de
tous les avis d'un ami, de tout ce que
vos propres intérêts exigent, l'idée
fixe commande et vous obéissez, quoi-
qu'il puisse en advenir dans ce monde
mortel.

Quand l'idée fixe est noble, vraie,

qu'elle se trouve d'accord avec l'évolution, personnifie vos espoirs les plus élevés, vos pensées les plus généreuses, vos aspirations les plus hautes, nous l'appelons un Idéal.

Chacun devrait avoir un Idéal, surtout les plus jeunes parmi vous qui êtes encore des adolescents. De bonne heure, choisissez bien votre Idéal et dans votre âge mûr vous vous rapprocherez de sa réalisation. Personne ne peut vivre sagement, dignement, si on n'a pas un Idéal auquel on puisse aspirer, un Idéal qui vous soit plus cher que tout ce que le monde peut vous donner, que tout ce qu'on peut acquérir. Ayez donc un Idéal, pensez-y chaque matin pendant quelques instants et graduellement vous deviendrez sa propre image. Ainsi que votre image se reproduit dans une glace, votre Idéal dans le miroir de

votre intellect se reproduira lui-même
et vous deviendrez ce à quoi vous
pensez, ce que vous vénérez. Ne crai-
gnez pas de vous former un Idéal
trop beau ou trop élevé ; ne vous dites
pas que vous ne pourrez l'atteindre ;
le seul fait de le concevoir est la ga-
rantie de votre succès. Tout ce que
vous pouvez vous représenter en imagination, vous serez capable ultérieu-
rement de l'accomplir ; tous vos espoirs
seront finalement réalisés. Votre vie
est éternelle ; vous n'êtes donc pas
limités par le temps, mais vous avez
devant vous des âges sans fin. Vous
atteindrez enfin votre Idéal et le per-
sonnifierez dans votre propre vie sur
terre.

Seulement ayez un but : ne traver-
sez pas la vie insouciants, nuls, indi-
gnes d'être hommes ; ne laissez pas
dire de vous dans les mondes supé-

rieurs : cet homme ou cette femme
« ont atteint trop tôt l'humanité ».
Faites-vous un Idéal ; adorez-le, et
adorez-le davantage par votre vie que
par vos paroles ; adorez-le en pensées, en aspirations, en actes. Alors
votre vie se rapprochera de la beauté,
de la puissance, de la sagesse de cet
Idéal. Et même, si vous ne pouvez
accomplir ici-bas ce à quoi vous aurez aspiré, lorsque la mort vous frap-
pera, vous aurez acquis une grandeur
que vous n'eussiez pu atteindre autrement. Dans le monde céleste, votre
Idéal viendra à votre rencontre, revêtu
de la splendeur de l'immortelle existence ; dans son étreinte il vous fera
participer à l'essence même de sa vie
et vos espérances terrestres se réali-
seront au ciel et après bien des jours,
vous reviendrez sur terre comme serviteur de l'humanité.

# IV

## L'Esprit de l'Homme et la Vie Spirituelle

Je vous ai parlé du corps de l'homme,
du corps composé de matière mentale, de matière émotionnelle et de
matière physique. Aujourd'hui, je
vous demanderai de me suivre dans
une région plus haute, plus pure. Je
vous demanderai de vous élever ou de
pénétrer — selon l'expression qui
vous conviendra le mieux — jusqu'à
ces hauteurs, ces profondeurs de la
conscience intérieure où vous recon-
naîtrez votre essence divine, où vous

réaliserez la grandeur que vous atteindrez et où vous vous maintiendrez dans l'avenir. Je vous demanderai de vous laisser conduire dans ces régions de la conscience qui vous élèvent au-dessus des soucis de ce monde et vous permettent de conserver votre calme au milieu des agitations qui vous entourent, heureux malgré des chagrins apparents, sereins lorsque les luttes et le tumulte vous environnent, joyeux, là où l'homme du monde ne verrait que des sujets de mécontentement et d'anxiété. Vous vous souvenez qu'il a été dit que l'objet de toute vraie philosophie était de mettre un terme à la souffrance. Il y a une région où la douleur n'existe plus, un royaume duquel l'affliction est bannie. Un homme peut vivre en Esprit, il peut vivre dans ce que nous appelons quelquefois le Soi Supérieur et, en vivant ainsi, il

connaît la paix de l'éternité, au milieu
des phénomènes du temps. Afin de
pouvoir vivre ainsi, il devra s'élever
au-dessus des tristesses de ce monde,
mais il n'est pas nécessaire pour cela
d'abandonner ce monde où le sort l'a
jeté, il n'est pas utile de rechercher la
retraite de la grotte ou de la jungle,
de se retirer des lieux fréquentés par
l'homme. Il pourra travailler sur la
place publique, plaider devant les tri-
bunaux, soigner dans les hôpitaux, se
rendre utile dans la boutique d'un
marchand ou occuper la situation élevée de celui qui gouverne. S'acquitter
de chacun de ses devoirs mieux qu'un
homme du monde ne s'en acquitte, ne
reculer devant aucune obligation, mais
la remplir en employant au mieux ses
capacités, sa puissance de travail, et
cependant tout en vivant dans le
monde, réaliser sa propre divinité et

travailler non pour les biens périssables de la terre, mais comme un instrument de l'activité divine — voilà tout ce qui est nécessaire pour connaître la paix et mener une vie spirituelle.

Maintenant, qu'est-ce que l'Esprit? car, si nous ne savons ce qu'est l'Esprit ou le Soi Supérieur, nous ne pouvons comprendre ce que l'on entend par la vie spirituelle. L'Esprit, qui est l'homme, est ce fragment divin duquel parle Shri Krishna comme étant « une partie de moi-même, un être vivant ». Vous comprendrez peut-être plus facilement la signification de l'Esprit si vous pensez un moment à la phrase bien connue de la *Bhagavad Gita* « l'habitant du corps ». Les corps, nous les avons étudiés ; nous abordons maintenant l'étude de l'habitant du corps, l'homme, l'homme réel, le Dieu qui est l'homme enrobé dans la

chair. Vous devez vous souvenir qu'il
est dit que « le sage ne se lamente ni
pour les vivants, ni pour les morts » ;
et la raison de cette élévation au-dessus des misères humaines, la raison
de cette indifférence est expliquée en
termes si exquis, si parfaits, que je
me hasarde à les intercaler parmi mes
propres et humbles paroles. Souvenez-vous de ce qui a été dit de tout
être humain :

« Nul n'a commencé ni ne doit finir.

« L'habitant du corps ne naît ni ne
meurt. N'ayant pas cessé d'être, il n'a
plus à être ; il est non né, perpétuel,
éternel et ancien. Il n'est pas tué quand
le corps est détruit.

« De même qu'un homme rejette des
vêtements usés et en prend d'autres,
de même l'Habitant du corps, rejetant
des corps usés, entre dans d'autres
corps qui sont nouveaux. »

Et alors éclate cette triomphante apostrophe de l'Instructeur ;

« Rien ne peut altérer l'Habitant du corps.

« L'Habitant du corps est indivisible, incombustible, inaltérable, perpétuel, pénétrant partout, inébranlable, ancien, non manifesté, incompréhensible, immuable ; en sachant cela, on ne doit se tourmenter de rien. »

Ainsi, tout est contenu dans une coquille de noix. Si vous êtes vous-même l'habitant du corps, si dans vos corps périssables, vous savez que ni la naissance, ni la mort ne peuvent vous affecter, si vous vous reconnaissez comme éternels et sans commencement, quel sujet de douleur, quel sujet de lamentations pouvez-vous avoir, sachant que vous partagez la vie de Dieu et êtes éternels comme Lui ?

Quel est donc le rapport entre l'ha-

bitant du corps, et les corps qu'il revêt? Si pour quelques-uns parmi vous,
cette idée de vie perpétuelle peut jusqu'à un certain point paraître éton-
nante, laissez-moi vous rappeler une
analogie dans la Nature qui vous permettra de saisir exactement la différence entre l'habitant du corps et le
cops lui-même. Rappelez-vous la dé-
claration du grand savant anglais,
Thomas Huxley concernant la réincarnation. « Les analogies qu'on trouve
dans la nature appuient fortement
cette croyance et rien ne vient la dé-
mentir. » Prenez, pendant un instant
comme symbole quelque vaste forêt
et considérez la vie de l'arbre qui croît
et se développe sur terre ; dans les
contrées du nord, l'exemple est plus
frappant que dans ce pays méridio-
nal. Vous verrez l'arbre se parer une
fois par an de jeunes feuilles vertes :

ces feuilles empruntent à l'air leur
nourriture qui en elles se transforme en
cette rude matière par laquelle l'arbre
vit. Ces matériaux sont recuellis dans
la sève lorsque les feuilles tombent
et que leur œuvre prend fin. La sève
pleine de toute la nourriture que les
feuilles ont récoltée, passe du tronc
dans les racines étendues sous la terre
et pendant un temps reste là cachée
aux yeux des humains. Mais le prin-
temps s'annonce, l'hiver s'achève, le
chant des oiseaux s'élève en même
temps que la nature s'éveille à une
nouvelle vie ; la sève monte à travers
le tronc et atteint les branches ; dans
chacune des parties de l'arbre se répand la sève qui donne la vie. Les
bourgeons se gonflent, de nouvelles
feuilles apparaissent une fois de plus
l'arbre est paré de sa gloire estivale
et les feuilles recommencent leur tra-

vail d'assimilation de nourriture afin
que l'arbre puisse vivre. Telle est la
vie humaine. L'esprit de l'homme est
comme l'arbre, un germe de divinité
semé dans le sol de l'existence humaine. Les feuilles de l'arbre sont
comme les vies de l'homme, se manifestant, afin de recueillir la pâture qui permettra à l'Esprit de se révéler. Elles ré-
coltent la nourriture et la transmettent
à la vie qui est la sève. Elles tombent et
périssent et le tombeau ou le feu re-
çoivent ces feuilles flétries ; mais la
vie qui est la sève s'est élevée vers
l'Esprit, lui apportant la substance
nutritive, résultat de ses expériences
terrestres. Dans l'Esprit cette substance se transmue en pouvoir, elle se
transforme en facultés ; lorsque le
temps de la renaissance est venu, l'Esprit infuse une vie nouvelle de même
que l'arbre produit des feuilles. Une

fois de plus l'école de la vie vient vous
instruire et son enseignement amènera la manifestation de l'Esprit.
Telle est la relation entre l'Esprit et
les corps, telle est la différence entre
l'éternel et le transitoire. Et si vous
faites un rapprochement entre la vie
terrestre et les feuilles de l'arbre, si
vous pensez à vous-mêmes comme
étant l'arbre qui ne meurt pas, mais
produit seulement de nouvelles feuilles pendant son existence, vous aurez
alors une image admirable du Soi
Supérieur : l'Esprit trouvant au moyen
de corps nouveaux, l'aliment nécessaire à son développement, tandis que
lui-même reste non né et éternel, mais
toujours faisant surgir de ses possibilités infinies les pouvoirs effectifs qui
témoignent de l'évolution de l'homme.

Voilà donc la manière par laquelle
nous voyons les progrès de cette vie

éternelle dissimulée de temps en temps
sous le voile de la chair. Nous venons
de dire qu'elle est une partie de la vie
de Dieu. J'ai cité ces belles paroles de
Shri Krishna lorsqu'il parle du caractère divin et déclare que l'Esprit, le
Jivatma, est une partie de Lui-même ;
cela nous renseigne sur les attributs
de l'Esprit et nous permet, avec un
peu de réflexion, de savoir comment la
vie spirituelle s'épanche en nous, tandis que nous sommes plongés dans
l'existence matérielle des mondes in-
férieurs. Car nous savons que dans
Ishvara Lui-même trois grands attributs se manifestent ; et, si l'homme
est une partie de Lui-même, ces mêmes attributs doivent se manifester,
limités, alors qu'en Lui ils sont illimités, se développant en nous alors qu'en
Lui ils sont parfaits et complets. Et
comme nous savons qu'un des attri-

buts du Suprême est le pouvoir, puisqu'Il est celui qui gouverne les mondes, nous voyons immédiatement que
le reflet de ce pouvoir dans l'Esprit
humain est la volonté, si limitée et
si peu évoluée qu'elle puisse être
pendant un temps. Et, de même que
nous voyons en Ishvara cette conscience parfaite qui se connaît Soi-
même complètement ainsi que tout ce
qui est en Soi car Il est le seul, l'U-
nique sans second — nous voyons aussi
chez l'homme cet aspect merveilleux
appelé sagesse, sagesse qui est la connaissance de l'Un, la réalisa'ion de la
divinité dans l'homme, la réalisation
du Soi dans l'homme lorsque celui-ci
peut dire, non en paroles, mais en
réalité : « Je suis cela. » Cette sagesse
est la connaissance de l'Unique et
souvenez-vous qu'il est écrit que tout
ce qui est en dehors de cela est igno-

rance. Nous voyons donc cet aspect
créateur dans Ishvara reproduit dans
l'intelligence de l'homme, faculté créatrice par laquelle il peut donner un
nouvel aspect à toutes choses. Mais,
en admettant ce triple Esprit dans
l'homme, volonté, sagesse, intelligence créatrice, l'on peut se demander comment nous pourrons savoir à
quel moment ces attributs spirituels
commencent à se manifester dans la
vie inférieure, si nous serons capables
de reconnaître l'irruption de l'Esprit,
de la distinguer des nombreuses activités de la chair ? Quelle est la différence entre ce qui est spirituel et ces
impulsions du désir qui gouvernent
l'humanité ? Un homme poursuit le
plaisir, la renommée, l'influence so-
ciale, la puissance politique ; il sou-
haite ardemment atteindre tous ces objets désirables qui l'environnent de tous

côtés dans ce monde si beau. Il court
après l'un ou l'autre selon son aspiration ; si le plaisir l'attire, il recherche les
endroits où il peut le trouver ; s'il am-
bitionne la renommée, il travaille tout
le jour, multiplie les efforts, saisit
chaque occasion de se pousser en
avant ; il va çà et là, partout enfin où il
pense trouver ce qui est nécessaire au
but qu'il se propose, partout où il
pourra atteindre l'objet de son désir.
Tant que l'homme est dominé par le
désir, tant qu'il est balloté par toute
brise qui s'élève dans le monde, cet
homme vit de la vie de ce monde et
non pas de celle de l'Esprit ; il n'est
pas encore devenu conscient de son
Soi réel. Mais quand, sous l'assaut
des désirs, il demeure ferme ; quand,
environné de tentations, il reste inébranlable ; quand la fortune est à sa
portée, mais qu'il ne veut pas, pour

l'obtenir, ternir son honneur ; quand
il pourrait atteindre le pouvoir, mais
en sacrifiant ses principes ; quand le
plaisir l'attire, mais qu'il implique en
même temps un tort fait à son prochain ; quand il se retire en lui-même
et se dit : « Je ne veux point pécher,
je ne veux pas me déshonorer bien
que le désir m'excite et que la tenta-
tion m'attire ; » alors, des profondeurs
de l'Esprit, la volonté de l'homme s'é-
lève triomphante et la vie spirituelle
commence à le diriger, car la Volonté
ne procède pas de la chair, mais
émane de l'Esprit. Et lorsque parmi
tous ceux qu'il aime autour de lui,
il commence à réaliser l'unité de la
vie, à comprendre que tous les hommes sont frères et que les liens de l'a-
mour l'unissent à eux ; lorsque l'a-
mour qu'ils ressent pour son propre
enfant, il l'étend à tous les pauvres or-

phelins sans protection; lorsqu'il re-
porte l'amour éprouvé pour sa mère
vénérée sur toutes les femmes âgées
parce qu'il considère toutes les vieilles
gens comme ses père et mère, de
même que les jeunes deviennent ses
enfants ; lorsque l'amour se fond dans
la reconnaissance de l'unité et s'étend
sur tous sans distinction de couleur,
de race, de classe ou de caste ; alors,
la Sagesse qui connaît l'Unique commence à influencer l'homme et l'amour
partial, exquis à sa manière, est trans-
muée en cet amour Divin qui se donne
à tous. Et quand, au milieu des agitations tumultueuses de l'esprit inférieur, l'homme est prompt à saisir l'influence du supérieur ; quand il
écoute la voix de l'intellect supérieur
qui commence à gouverner l'esprit et
à le modifier pour atteindre son propre but, alors l'activité créatrice de

l'intelligence a commencé à affirmer
ses droits, primant l'activité de l'esprit absorbé dans l'observation des
phénomènes. Dans ce cas encore, la
présence de l'Esprit devient manifeste
et la vie de l'Esprit incarné commence
à se révéler.

Et de suite, cette question se présente. Qu'est-ce que la vie spirituelle?
La vie spirituelle n'a aucun rapport
avec ces qualités appartenant aux corps
subtils, appelés Siddhis par les In-
dous et connus dans l'Occident sous
le nom de pouvoirs psychiques. La
vie spirituelle n'est pas la clairvoyance
ni la clairaudience, elle n'exige aucun
travail des corps dans les trois mondes phénoménaux. Elle ne signifie pas
une connaissance plus étendue des
mondes invisibles aussi encombrés
de phénomènes que le monde physique. Cela n'a aucun rapport, aucune

relation avec tout ceci. La qualité et
l'essence en diffèrent complètement.
La Spiritualité est la connaissance de
l'Unique impliquant une existence
conforme à cette connaissance dans
la vie quotidienne de l'homme.

Quelques-uns parmi vous se sou-
viennent peut-être que le D<sup>r</sup> Miller —
vous faites bien de le respecter, car il
offre un noble exemple du chrétien —
écrivant il y a quelques années à ses
anciens élèves, leur disait ces paroles
remarquables dont je vous demanderai de vous rappeler les trois premiers mots. Il disait que l'Hindouïsme
avait fait deux grands dons à l'humanité : les doctrines de l'Immanence de
Dieu et de la Solidarité humaine.
Un vrai croyant dans sa propre religion proclamait ainsi splendidement
la valeur d'une religion différente de
la sienne, montrant par là cette lar-

geur de vue, cette grandeur d'esprit
qui devrait toujours distinguer ceux
qui se donnent le nom de chrétien.
J'insisterai sur les trois premiers
mots : « l'Immanence de Dieu. » Ils
vous paraîtront peut-être secs, froids
et sans attrait ; dois-je vous les tra-
duire afin de vous expliquer leur signification réelle ? Evidemment, cela
veut dire que Dieu est partout et dans
tout ; mais ce n'est pas assez. Cela signifie que lorsque vous suivez le bord
de la mer, en regardant les grandes
vagues de l'océan déferler avec un bruit
de tonnerre sur le rivage, vous voyez
en elles le pouvoir divin incarné, vous
voyez en elles Sa puissance. Si vous
parcourez quelque splendide forêt et
jouissez du silence, du calme et de
l'ombre à midi. Ah ! alors vous connaissez cette paix divine, vous connaissez cette sérénité qui révèle Dieu.

Par toutes ces sensations, vous prenez contact avec la Divinité et vous sentez sa présence. Lorsque vous êtes dans la montagne, dans les lointains Himalayas, si vous considérez leur merveilleuse stabilité, leurs étendues de neiges pures et non frayées, dans ces montagnes mêmes, vous voyez la puissance et la stabilité de Dieu et dans la neige Sa pureté intacte et immaculée. Et quand vous observez les cieux où les astronomes ne voient que des mondes en mouvement, l'immensité de l'espace vous révèle sa paix et ces mondes en mouvement, Sa Vie. Rien n'existe au-dessus de nous dans les cieux, ni à nos pieds dans les abîmes profonds qui ne vous parle de la présence de Dieu qui en est l'âme ; ainsi lorsque vous admirez la nature, ce vêtement de Dieu, vous voyez Dieu à travers ce vêtement, car Lui seul existe. Voilà ce que signifie l'Immanence de Dieu. Considérons, si vous le voulez, cette idée de plus près. Bien des gens condamnent ce qu'on appelle le polythéisme, mais le polythéisme bien compris, est simplement l'effort des hommes, limités dans l'expression de leur pensée, pour expliquer au moyen d'images innombrables la Divinité incarnée ; par là, ils se rendent réelle cette manifestation de Dieu sur laquelle le philosophe peut raisonner obscurément, mais que la pauvre humanité ne peut comprendre à moins de l'incarner dans des divinités sans nombre. Donc, si vous êtes sages et non insensés, vous ne permettrez pas à la science, qui observe seulement les apparences, de critiquer cette connaissance plus profonde qui vous enseigne les mystères de la vie de l'homme et de celle de Dieu. Si vous le désirez, que la science de l'Occident vous instruise, mais de votre côté, enseignez à l'Occident ce que vous savez de la vie illimitée et partout présente de Dieu. Si vous faites cela, alors, en vérité, votre polythéisme deviendra une chose splendide. Car, en regardant l'épouse penchée sur vous avec amour, vous verrez Lakshmi, la Lumière et la Divinité du Foyer, rayonner à travers les yeux de la femme que vous aimez ; et quand elle regarde l'époux, le soutien et le gardien du Foyer, elle verra Vishnou, Celui qui préserve et maintient la Vie de l'Univers. Dans les yeux de vos enfants, vous verrez ceux de l'enfant Krishna et ses jeux enfantins avec les Gopis. Et lorsque la mère sera penchée sur le berceau, vous verrez Durga, la Mère universelle dont les soins s'étendent sur le Monde, la Divine et Immuable

Mère. Oui, le polythéïsme est la vie spiritualisée de l'homme ; c'est le refus de se laisser aveugler par les formes, c'est la détermination de voir la vie en elles. La vie est une, tandis que les formes sont nombreuses ; la vie est une, tandis que les étiquettes sont multiples. N'a-t-il pas été écrit de celui qui adore toutes formes, « Celui-là M'adore », même si ce n'est pas selon la règle antique ? Ainsi vous commencerez à comprendre que ce mot de spiritualité signifie la reconnaissance de Dieu partout et en toutes choses.

Je vous dirai maintenant quelques mots de la relation qui peut exister entre la spiritualité et le commerce, le bureau, la rue et vous expliquer, si je le puis, comment chacun de nous peut être un homme spirituel, si seulement vous avez la volonté de le dé-

venir. Considérons ces activités innombrables de notre vie terrestre,
ces voies différentes par lesquelles le
monde est aidé et maintenu : le commerce qui relie les nations entre elles
et contribue à nourrir cette multitude
croissante d'êtres humains ; les vais-
seaux qui traversent l'océan, chargés
de marchandises envoyées d'une nation
à une autre ; les marchands et les com-
merçants les distribuant à tous et permettent ainsi à chacun d'obtenir ce
qu'il n'eut pu se procurer sans leur con-
cours ; l'ordre maintenu dans la société, les efforts de ceux qui empê-
chent les transactions d'être pour le
fort l'occasion d'oppresser le faible ;
tout ce formidable mécanisme de la loi
— le juge au tribunal, l'avocat à la
cour, le policeman dans la rue ; ceux
par lesquels le fonctionnement de la société est rendu possible, et qui défen-

dent le faible contre l'oppression du
fort ; la vie de famille, base de tout
Etat, protection du père, amour de la
mère, joie de l'enfant ; la tâche du
médecin qui affronte sans crainte la
contagion et risque son existence pour
alléger la souffrance ; le praticien dont
la main habile et expérimentée peut,
au moment du danger, secourir et sauver une existence humaine ; tous ceux
qui enseignent et dotent ainsi leurs
pays d'hommes virils et de nobles
femmes ; tous ceux dont le travail
concourt à la préservation de l'univers, que sont-ils tous sinon les agents
de l'unique activité divine, les mains,
les pieds, le cœur de Dieu agissant
dans chaque carrière terrestre ? Vous
vous souvenez de la vieille légende
des quatre castes et de leur origine,
comment les Brahmanes sortirent de
la bouche de Brahma, les Kshattryas

de Ses épaules, les Vaishyas de Ses pouces et les Shudras de Ses pieds Vous vous riez de ce conte étrange, bon seulement à être raconté aux enfants au crépuscule. Et cependant, du fond de ce conte se dégage une vérité, non seulement en ce qui concerne les quatre castes des Indes, mais aussi à l'égard des quatre grandes classes qui forment les divisions de chaque nation, que vous les appeliez ou non des castes. Car enfin ceux qui ont reçu de l'éducation et instruisent le peuple, ceux qui font profiter les autres de leurs connaissances, les prêtres qui dirigent le culte, les professeurs qui répandent le savoir, n'est-ce pas la voix de Dieu se faisant entendre par les lèvres des hommes, n'est-ce pas réellement la caste des Brahmanes, les savants et les instructeurs du monde ? Et les Kshattryas ne sont-ils

pas représentés par le roi, le parle-
ment, les juges, les agents, du plus
élevé au plus infime, de la Couronne
au plus modeste fonctionnaire : ne
sont-ils pas les bras de la nation pré-
posés à la direction, à la protection
du peuple, afin que l'humble ouvrier
puisse travailler sans crainte de vio-
lences et que la paix du roi, qui est la
paix de Dieu, puisse grâce à eux s'é-
tendre sur toute la nation? Et les marchands et les grands organisateurs
du travail, ceux qui rassemblent tout
ce qui contribue au bien-être de chacun ; ceux-là ne sont-ils pas comme
les princes de la nation sur lesquels
elle s'appuie en toute sécurité et sans
l'aide desquels, elle ne pourrait tenir
son rang parmi les autres nations du
monde ? Nous arrivons maintenant
aux Shudras ; ne sont-ils pas la base
de l'édifice social, indispensables à

son rouage ? Ces ouvriers, ces laboureurs, ceux qui exploitent la richesse du pays, les serviteurs qui vous facilitent la vie matérielle du foyer, ne sont-ils pas les pieds divins par lesquels le service s'accomplit. Quant au Sanyasi qui s'est élevé au-dessus de toutes les castes, n'est-il pas aussi au service de l'homme dans une sphère plus haute ? Si le Shudra sert l'homme individuellement le Sanyasi sert l'humanité, la classe la plus humble étant ainsi le reflet de ce qui existe de plus élevé dans l'espèce humaine. Oh ! de votre splendide et antique religion, combien de choses vous ignorez, combien de choses dont vous n'avez aucune idée et que vous n'avez même jamais entrevues dans vos rêves !

Laissez-moi en faire l'application. Je vous parlerai d'abord d'une profession bien souvent décriée, je le

crains; je veux parler de la magistrature. J'étais heureuse d'entendre der-
nièrement, à une conférence, l'orateur
prendre la défense d'hommes de loi
qu'on avait attaqués; il disait être con-
vaincu de leur loyauté — peut-être plus
que de celle d'un grand nombre de
leurs semblables qu'on ne cherchait
pas à incriminer. Si un avocat est un
homme d'une nature spirituelle, et il
n'y a pas de raison pour qu'il n'en soit
pas ainsi — je parle aujourd'hui devant un grand nombre d'avocats — il
se considèrera comme la justice divine personnifiée en ce monde. Il ne
prendra jamais une cause si, de son
succès doit résulter une injustice; il
se considèrera comme responsable de
la justice divine et avec un soin scru-
puleux veillera à ce que cette justice
soit observée. Vous me demanderez
peut-être s'il ne doit jamais défendre

un criminel ? Oui, il doit le défendre,
car un criminel aussi a droit à la justice et son point de vue doit être pris
en considération de même que celui
du plaignant. Si vil que puisse être
un criminel, ce qui peut être dit en
sa faveur doit être invoqué par celui
qui représente la justice divine qui
donne à chacun ce qui lui revient.
Mais, il veillera à ce que rien ne soit
supprimé, à ce qu'aucun faux témoi-
gnage ne soit apporté. Cela veut dire
qu'il ne faut pas aggraver la chose ;
cela veut dire que l'affaire doit être
exposée avec toute l'habileté et la sym-
pathie la plus grande ; que la vérité ne
soit pas dissimulée et que la justice ne
soit pas entachée de fausseté. S'il
comprend la grandeur de sa tâche,
ses lèvres dédaigneront l'artifice aussi
bien que la déloyauté. La justice terrestre doit procéder de la justice di-

vine ; elle doit être le défenseur du
faible et de l'opprimé, et redresser les
torts de celui qui cause un préjudice
à ses frères. Je vous le demande, si
l'homme de loi agissait ainsi, toute
la magistrature ne serait-elle pas purifiée, ne deviendrait-elle pas le bril-
lant symbole de la justice divine sur
la terre ? Et les gens de bien ne se-
raient-ils pas plus heureux et les mé-
chantes gens moins impudents en se
présentant devant la justice, connaissant l'impartialité de ses décrets que
n'influenceraient ni la déloyauté ni la
faveur ? Considérez aussi la besogne
du marchand. Il est la main divine,
distribuant par tout le monde ce qui
est nécessaire à l'entretien et à la subsistance de l'homme. S'il envisageait
ainsi sa tâche, combien l'humble boutique serait purifiée et ennoblie ! La
fraude disparaîtrait, les feintes et la

duperie n'existeraient plus. Plus de
falsification dans les tissus, de sable
dans le sucre, de tiges de bois dans le
thé, plus de fraude dans rien de ce
qui se vend. S'il en était ainsi de même
qu'en ce qui concerne la loi, la vie spirituelle amènerait le bonheur.

Si vous le voulez bien, pensez au
foyer à ce même point de vue —
l'époux et l'épouse. L'époux qui se con-
sidérerait comme le divin époux — car
Shri Khrisna Lui-même ne s'est-il pas
donné ce nom : « Je suis l'époux »
— ne comprendrait-il pas que la
femme n'existe pas seulement pour
son bien-être et sa joie, pour servir ses goûts voluptueux, pour aug-
menter son bonheur. De même que
Vishnou pour son Univers, il serait
pour elle l'ami, le protecteur, la dé-
chargeant du fardeau qui briserait ses
faibles épaules et lui prodiguant cet

amour tendre et protecteur que l'époux a le privilège de pouvoir donner à sa femme. Et celle-ci se souvenant que pour Wishnou elle est Lakshmi, verrait en lui celui qui garde et qui protège ; son amour serait un don volontaire, d'autant plus apprécié qu'il ne serait pas exigé comme un droit mais cueilli comme l'éclatante moisson qui lui serait offerte, comme des fleurs à un Deva qu'elle adorerait. Si le père adoptait cet idéal spirituel dans sa vie, il personnifierait le titre le plus noble de Dieu, le Père et l'Ami des hommes. Oh, de quel secours vous seriez pour vos fils et vos filles si vous cherchiez à devenir la personnification de cette Paternité divine ! Dans la peine, dans la détresse, vos fils accoureraient vers vous, au lieu de se dérober comme ils le font très souvent, parce qu'ils craignent plus qu'ils n'aiment. Ils sauraient que leur père est leur plus proche ami, leur protecteur le plus tendre ; ils sauraient qu'on peut tout confier à son cœur et que le pardon sera toujours accordé par celui qui s'efforce d'être un reflet du Père divin. Chacun a ses défauts. Dans vos moments de faiblesse, lorsque vous avez mal agi, vous invoquez la miséricorde de Dieu ; soyez donc aussi pitoyables envers vos fils et aidez-les à leur manière. Alors, dans vos vieux jours il vous seront dévoués comme à notre Père et deviendront le soutien de ceux qui auront protégé et guidé leur jeunesse. Et maintenant parlons de vos filles. Si vous voulez vraiment vivre la vie du divin Père, ne pensez-vous pas que celles-ci aient des droits à revendiquer ! Ces enfants de sept ans, huit ans, neuf ans que vous engagez dans les liens d'un ma-

riage irrévocable, alors qu'elles ne
comprennent rien de ce à quoi elles
s'engagent, ne se rendent pas compte
du veuvage prématurée qui peut as-
sombrir toute leur existence, n'ayant
que le souvenir d'un mort avec lequel
elles n'auront jamais vécu? Oh, pensez à ces veuves vierges des Indes et
dites si leurs pères ont rempli envers
elles leur devoir divin! Un père a-t-il
le droit de laisser un enfant qui devrait
avoir une poupée dans les bras plutôt
qu'un bébé, de laisser un enfant qui a
besoin d'être protégé et gardé, affronter les angoisses et les dangers de la
maternité? Il y a beaucoup à faire dans
cet ordre d'idées pour vous qui avez
des aspirations spirituelles, afin que
vos fils et vos filles grandissent pour
devenir les citoyens d'un pays digne
de se gouverner soi-même et libre ;
car l'époux-enfant et la femme-enfant

ne sont pas des citoyens convenables
pour un pays où règne la liberté; ils
seront toute leur existence des êtres
affaiblis par une maturité précoce.

Comprenez bien ce que signifie la
vie spirituelle ; c'est le devoir, c'est
l'amour ; c'est accomplir chaque fonc-
tion de la vie de famille et de la vie
civique en vous considérant comme
des dieux personnifiés, prenant votre
part de l'œuvre exécutée par Dieu dans
Son univers. Un autre point est aussi
à envisager. Nous aspirons toujours
plus ou moins à la vie spirituelle.
Nous parlons d'union avec Dieu ; nous
parlons de notre désir de nous élever
toujours davantage en pureté, connaissance et amour et en cela nous avons
raison. Mais il y a une chose que vous
ne devez pas oublier et qui est nécessaire pour la vie spirituelle. La vie est
une ; qu'elle anime le pêcheur ou le

saint, le hors la loi ou l'homme de
caste supérieure, cette vie est divine,
car elle procède uniquement de Dieu.
Vous voulez bien être un avec Dieu,
un avec les Rishis, un avec les Maîtres ou les saints. Etes-vous disposés
à être un avec le débauché, avec la pros-
tituée et le bandit ? Mais en eux aussi
la vie divine est présente. Quel est le
caractère distinctif de la spiritualité ?
Vous êtes purs : pourquoi cette pureté existe-t-elle? Afin que vous puis-
siez vivre à part et jouir de la satisfac-
tion d'être meilleurs que les autres ?
Oh non ! votre pureté a été acquise
afin de vous mêler aux impurs, de les
purifier par votre pureté et les amener
ainsi à se rapprocher de la réalisation
de la vie divine. Vous êtes instruits,
vous n'aimez pas l'ignorant ; vous vous
éloignez de celui qui n'est pas cultivé,
du rude, du grossier. Mais, si vous

avez reçu de l'éducation, c'est afin d'en
faire profiter l'ignorant et le dégradé,
que votre sagesse les instruise et qu'ils
partagent les lumières de cette vie
unique qui est la même en eux comme
en vous. Ah ! voilà la leçon difficile à
apprendre ! Nous demandons toujours
à celui qui nous est supérieur de se
baisser jusqu'à nous afin de nous sou-
lever. Sommes-nous disposés à tendre la main à notre inférieur pour
l'élever à notre niveau ? Si cela n'est
pas, la spiritualité n'existe pas, il n'y a
pas de vraie religion ; c'est simplement
de l'égoïsme se dissimulant sous le
masque de la piété et le désir de l'inférieur de paraître supérieur. Je vous
demanderai donc en pensant à la vie
spirituelle de vous souvenir qu'elle
comprend tout, qu'elle n'exclut rien.
Elle embrasse toutes choses, elle ne
rejette rien ; elle est disposée à parta-

ger avec tous ; elle n'apprécie ses propres richesses spirituelles que pour
enrichir et élargir la vie plus pauvre
de son prochain.

Une pensée, représentant une image,
se gravera peut-être mieux dans votre souvenir que des paroles qui s'ef-
facent rapidement de l'esprit. Laissez-moi vous la dire, amis, avant de
vous quitter. Quelquefois, peut-être,
vous vous serez trouvés auprès d'un
sculpteur, travaillant comme quelques grands artistes savent encore travailler. Dans le marbre, il taille une
statue afin que son idée soit rendue
manifeste et vive dans l'esprit des hommes. Si vous questionnez cet artiste,
il vous dira que pour lui ce n'est pas
un bloc de marbre qu'il transforme
en statue ; c'est une statue cachée
dans un bloc de marbre ; chaque coup
de ciseau, faisant sauter un fragment

de marbre, la délivre, le rapproche
graduellement d'elle. Il travaille encore et encore, voyant avec les yeux
du génie la forme que vous et moi ne
pouvons apercevoir ; le ciseau et le
maillet taillant le marbre, mais ils ne
sculptent pas les membres exquis de
la statue, car celle-ci est déjà contenue dans la pierre. Ainsi en est-il pour
vous. En chacun de vous demeure
l'Esprit qui est Dieu, caché sous la
chair, enfermé dans les corps, dissi-
mulé derrière les émotions et l'intelligence, de sorte qu'Il n'est pas visible aux yeux extérieurs. Vous n'avez
pas à créer cette image. Elle est là
présente. Vous n'avez pas à l'édifier,
vous n'avez qu'à la libérer. Dieu est en
vous, attendant pour se manifester ; à
vous la gloire de faire disparaître tout
ce qui s'oppose à cette manifestation.
Votre ciseau à vous, c'est votre pensée,

votre maillet est le pouvoir de votre volonté. Employez votre volonté, votre
pensée ; chassez les émotions du corps
et de l'esprit ; que tout disparaisse
qui ne soit pas Lui. Alors, de votre
vie humaine s'élèvera la statue divine d'une beauté parfaite ; la splendeur du Dieu intérieur resplendira et
tous les hommes seront éclairés et
réchauffés par sa lumière rayonnante.
Le Dieu, devenu l'homme, foulera la
terre et vous aurez eu la gloire de le
libérer afin qu'il puisse aider l'humanité. Soyez donc des artistes dans la
vie ; soyez des sculpteurs travaillant
dans l'atelier du monde. Et lorsque
vous quitterez cette vie, vous saurez
que vous êtes Esprit éternel et vous
ne vous identifierez pas avec les corps
que vous laisserez derrière vous. Et
ainsi, vous entrerez dans une vie plus
large, vous aurez un destin splen-

dide, un avenir grandiose ; car, vous
serez libre, l'Esprit délivré, le Dieu
manifesté ; vous aurez atteint le but
de l'homme.


FIN

*M. SENARD*

---

# EDWARD CARPENTER

## Sa philosophie

Prix. . . . . . . . . . . . . . . 1 fr. 50

---

*J. WEDGWOOD*

---

# La Méditation à l'usage des débutants

Prix. . . . . . . . . . . . . . 1 fr.

---

*C. JINARAJADASA*

---

# EN SON NOM

Prix . . . . . . . . . . . . . . 1 fr. 50

# THÉOSOPHIQUES

81, RUE DAREAU, 81

## PARIS (xiv⁰)

✢

---

## *Extrait du Catalogue Général*

---

Les Éditions Théosophiques se chargent d'expédier à bref délai toute commande d'ouvrages quels qu'ils soient.

---

## AVIS

Nous serions reconnaissants, aux personnes qui nous adresseront leurs commandes, de vouloir bien nous indiquer en même temps les noms et adresses de leurs amis ou relations que nos livres et journaux pourraient intéresser.

*Annie Besant.*

L'Avenir Imminent . . . . . . Prix    3  »
(Avec portrait de l'Auteur).
Port en sus : 0 15

La Nature du Christ. . . . . Prix   » 75
Port en sus : 0 15

Vers l'Initiation (Conférences de Londres
1912) . . . . . . . . . . . Prix   3  »
(Avec magnifique portrait de l'auteur).
Port en sus : 0 15

*C.-W. Leadbeater.*

L'Autre Côté de la Mort, fort volume
de 600 pages. . . . . . . . . Prix    4  »
Port en sus: France, 0 30 ; Étranger, 0 60

La Pensée, sa puissance, son emploi.   1  »
Port en sus : 0 05

*Gaston Revel.*

De l'An 25.000 avant Jésus-Christ
à nos Jours (Commentaires sur les Vies
d'Alcyone) . . . . . . . . . Prix   7 50
Port en sus: France, 0 35 ; Étranger, 0 70

L'Occultisme, ses Origines, sa Valeur . . . . . . . . . . . Prix   1  »
Port en sus : 0 05

Dharma (Roman) . . . . . . . . Prix   3 50
Port en sus : 0 15

*G. Chevrier.*

## Introduction à la Généalogie de l'Homme. . . . . . . . Prix » 75

Port en sus : 0 05

*Cornélius.*

## Les Mystères de l'Ame . . . Prix 3 »

Port en sus : 0 15

*A. de Noircarme.*

## La Quatrième Dimension. . . Prix 2 50

Port en sus : 0 15

*Docteur Marquès.*

## La Théosophie devant la Science.

Prix 3 50

Port en sus : 0 15

*Th Darel.*

## La Folie (Ses causes, sa thérapeutique au point de vue psychique). . . . . Prix 3 »

## Le Peuple Roi (Essai de sociologie universaliste) . . . . . . . . Prix 3 »

## Essai sur la Mystique rationnelle basée sur les Evangiles. . . . . » 50

## De la Naissance Spirituelle ou

*Edith-Ward.*

## Science et Théosophie . . . . . . .    0 55

*Jean Delville.*

## Le Christ reviendra, fort vol. de 400 pa·

ges. *Franco* . . . . . . . . . . .    5 25

*Dᵉ Jules Grand.*

## Hygiène rationnelle — Végétarisme.

Prix. *Franco.* . . . . . . . . . .    2 65

# *Bibliothèque*
# *de l'Ordre de l'Étoile d'Orient*

*Prof. Woodhouse.*

## L'Ordre de l'Etoile d'Orient . . .    0 30

*M. Jarige Augé.*

## Vers l'Étoile, avec portrait de J. Krisch-

namurti (Alcyone) . . . . . . . . .    0 55

# NOS BROCHURES, chaque : O fr. 30
## Port en sus : 0 05

1. *C.-W. Leadbeater*. — Pourquoi et comment étudier la Théosophie (*épuisé*).
2. *Annie Besant*. — L'Ère d'un nouveau Cycle.
3.        —        Les Messagers de la Loge Blanche.
4.        —        Le Sentier des Initiés.
5.        —        Le Message de Giordano Bruno au monde moderne.
6.        —        L'Évolution de notre Race.
7.        —        Étude sur le Karma.
8.        —        La Réincarnation et les problèmes sociaux.

---

# " Le Théosophe " illustré
## *Numéro spécial*

50 Illustrations. Portraits des principaux Instructeurs théosophes. Différents articles de M<sup>me</sup> Annie BESANT, M. C.-W. LEADBEATER, Pierre LOTI, Aimée BLECH, G. CHEVRIER, Louis REVEL, Gaston REVEL, etc...

Franco de port avec la Table des matières du « THÉOSOPHE » 1911.          Prix : 2 Francs.

# A LIRE :

ANNIE BESANT. — *Les Lois fondamentales de la Théosophie* . . . . . . 1 50

— *Le Monde de Demain* . . . 3 »

— *Mélanges Théosophiques* (suite au *Monde de Demain*) . . 2 »

— *Étude sur la Conscience* . . 3 »

— *Le Pouvoir de la Pensée* . . 1 50

— *Précis universel de Religion et de Morale*, tome I . . 2 »

Tome II . . 2 »

— *Pourquoi je devins Théosophe* 0 75

— *L'Avenir imminent* . . . . 3 »

— *La Sagesse antique* . . . . 5 »

— *Vers l'Initiation* . . . . . 3 »

C.-W. LEADBEATER. — *Le Plan astral* . . . . 1 50

— *Le Plan mental* . . . 1 50

— *Clairvoyance* . . . . . 1 50

— *Précis de Théosophie* . . 1 50

— *Échappées sur l'Occultisme* . . . . . . 3 »

— *L'Occultisme dans la Nature*, tome I . . . 6 »

Tome II . . 7 50

AIMÉE BLECH. — *Ombres et Lumières* (contes et nouvelles théosophiques). . 3 50

— *L'autre Miracle* (roman) . . 3 50

— *Dette fatale* (roman) . . . 3 50

— *A ceux qui souffrent* . . . 1 »

L. REVEL PÈRE. — *Les mystiques devant la Science* . . . . . . 3 50

— *Évolution de la vie et de la conscience* . . . . . 4 »

— *Fraternité des religions* . . 3 50

LÉOPOLD ENGEL. — *La Vallée des Bienheureux ou le Sentier de la Vérité*. 1 »

# PÉRIODIQUES

**Revue Théosophique** (*mensuelle*), Le *Lotus bleu*, le numéro 1 franc. ABONNEMENT par an : France, 10 fr.; Étranger, 12 fr.

**Annales Théosophiques**(*trimestrielles*), le numéro 1 fr. 50. ABONNEMENT par an : France, 6 fr. ; Étranger, 6 fr. 60.

**Le Théosophe** (*bi-mensuel*), le numéro 20 cent. ABONNEMENT : France et étranger, trois mois, 1 fr. 50 ; six mois, 2 fr. 50 ; un an, 5 fr.

**Le Petit Théosophe** (*illustré mensuel*), le numéro 0 fr. 25. ABONNEMENT par an : France, 3 fr. ; étranger, 3 fr. 50. Tous les abonnements partent de janvier de chaque année.

**Bulletin de l'Ordre de l'Étoile d'Orient** (*trimestriel*). ABONNEMENT par an : France, 2 fr. 50 ; Étranger, 3 fr. Le numéro, 0 fr. 75.

# SOCIÉTÉ THÉOSOPHIQUE

*Quartier général :*

**Adyar, Madras (Indes Anglaises)**

------------

La Société Théosophique (fondée en 1875, par H.-P. Blavatsky et H.-S. Olcott) a pour objet :

1º De former un noyau de Fraternité dans l'humanité sans distinction de sexe, de race, de rang ou de croyance.

2º D'encourager l'étude des religions comparées, de la philosophie et de la science.

3º D'étudier les lois inexpliquées de la nature et les pouvoirs latents dans l'homme.

L'adhésion au premier de ces buts est seule exigée de ceux qui veulent faire partie de la Société.

------------

La Société Théosophique se compose d'étudiants appartenant, ou non, à une religion reconnue. Tous ses membres ont approuvé, en y entrant, le premier, au moins, des trois buts qu'elle poursuit ; tous sont unis par le même désir de supprimer les haines de religion, de grouper les hommes de bonne volonté, quelles que soient leurs opinions, d'étudier les vérités enfouies dans l'obscurité des dogmes, et de faire part du résultat de leurs recherches à tous ceux que ces questions peuvent intéresser. Leur solidarité n'est pas le fruit d'une croyance aveugle mais d'une commune aspiration vers la vérité qu'ils considèrent, non comme un dogme imposé par l'autorité, mais comme la récompense de l'effort, de la pureté de la vie et du dévouement à un haut idéal. Ils pensent que la foi doit naître de l'étude ou de l'intuition, qu'elle doit s'appuyer sur la raison et non sur la parole de qui que ce soit.

Ils étendent la tolérance à tous, même aux intolérants, estimant que cette vertu est une chose que l'on doit à chacun et non un privilège que l'on peut accorder au petit nombre. Ils ne veulent point punir l'ignorance, mais la détruire. Ils considèrent les religions diverses comme des expressions incomplètes de la Divine Sagesse et, au lieu de les condamner, ils les étudient.

La Théosophie peut être définie comme l'ensemble des vérités qui forment la base de toutes les religions. Elle prouve que nulle de ces vérités ne peut être revendiquée comme propriété exclusive d'une Église. Elle offre une philosophie qui rend la vie compréhensible et démontre que la justice et l'amour guident l'évolution du monde. Elle envisage la mort à son véritable point de vue, comme un incident périodique dans une existence sans fin et présente ainsi la vie sous un aspect éminemment grandiose. Elle vient, en réalité, rendre au monde l'antique science perdue, la *science de l'Ame*, et apprend à l'homme que l'âme est lui-même, tandis que le mental et le corps physique ne sont que ses instruments et ses serviteurs. Elle éclaire les Écritures sacrées de toutes les religions, en révèle le sens caché et les justifie aux yeux de la raison comme à ceux de l'intuition.

Tous les membres de la Société Théosophique étudient ces vérités et ceux d'entre eux qui veulent devenir Théosophes, au sens véritable du mot, s'efforcent de les vivre.

Toute personne désireuse d'acquérir le savoir, de pratiquer la tolérance et d'atteindre à un haut idéal, est accueillie avec joie comme membre de la Société Théosophique.

A la *Société Théosophique*, dont le Quartier Général est à Adyar, près Madras (Indes Anglaises) se rattachent les différentes Sociétés (théosophiques) nationales, entre autres la

## SOCIÉTÉ THÉOSOPHIQUE DE FRANCE

*59, avenue de La Bourdonnais, Paris,*

dont le siège est ouvert tous les jours de la semaine, de 3 à 6 heures et le jeudi soir à 8 h. 1/2.

Prière de s'y adresser pour tous renseignements.

Si on le préfère, on pourra s'adresser à l'une quelconque des autres Sociétés (théosophiques) nationales, dont voici les adresses :

*Angleterre :* 19, Tavistock Square, Londres, W. C.
*Pays-Bas :* 76, Amsteldjik, Amsterdam.
*Italie :* 1, Corso Dogali, Gênes.
*Scandinavie :* 7, Engelbrechtsgatan, Stockholm.
*Indes :* Theosophical Society, Benarès, N. W. P.
*Australie :* 132, Phillip Street, Sydney, N. S. W.
*Nouvelle-Zélande :* 351, Queen Street, Auckland.
*Allemagne :* Nikolausberger weg, Göttingen.
*Etats-Unis :* Krotona, Hollywood, Los Angelès. Cal.
*Autriche:* Johaunesgasse, 2, Vienne.
*Amérique centrale:* Apartado 365, La Havane. Cuba.

*Hongrie :* IV, Ferencziek Teré 4, III, 10, Budapest.
*Finlande :* Pekka Ervast, Agelby.
*Russie :* 22, Ivanovskuya, Saint-Pétersbourg.
*Bohême :* Kr. Vinohrady, Cermakova 4 III, Prague.
*Afrique du Sud :* P. O. Box 1012, Johannesburg, Transvaal.
*Ecosse :* 28, Great King street, Edimbourg.
*Suisse :* 7, Cours Saint-Pierre, Genève.
*Belgique :* 29, rue de l'Hôpital, Bruxelles.


*Agents présidentiels.*


*Pour l'Espagne :* M. J. Xifré, 4, rue Aumont-Thiéville, Paris, XVII°.
*Pour l'Amérique du Sud :* S. Adrian Madril, 1749 Cordoba, Rosario de Santa Fé, Argentine.

---

# CONFÉRENCES ET COURS

### SALLE DE LECTURE — BIBLIOTHÈQUE

Au siège de la Société : 59, avenue de La Bourdonnais, Paris.

Le Siège de la Société est ouvert tous les jours de la semaine de 3 à 6 heures. Prière de s'y adresser pour tous renseignements.

---

MAYENNE, IMPRIMERIE CHARLES COLIN